第二批教育部全国高校样板党支部教学研究成果

设计专业
课程思政教学研究与实践

刘博敏　朱　彦　陈　怡　著

中国轻工业出版社

图书在版编目（CIP）数据

设计专业课程思政教学研究与实践 / 刘博敏，朱彦，陈怡著 . — 北京：中国轻工业出版社，2022.11
ISBN 978-7-5184-4149-5

Ⅰ. ①设… Ⅱ. ①刘… ②朱… ③陈… Ⅲ. ①高等学校—思想政治教育—教学研究—中国 Ⅳ. ① G641

中国版本图书馆 CIP 数据核字（2022）第 177589 号

责任编辑：李　红　　　责任终审：劳国强
整体设计：锋尚设计　　责任校对：宋绿叶　　责任监印：张　可

出版发行：中国轻工业出版社（北京东长安街6号，邮编：100740）
印　　刷：艺堂印刷（天津）有限公司
经　　销：各地新华书店
版　　次：2022年11月第1版第1次印刷
开　　本：720×1000　1/16　印张：11.5
字　　数：260千字
书　　号：ISBN 978-7-5184-4149-5　定价：42.00元
邮购电话：010-65241695
发行电话：010-85119835　传真：85113293
网　　址：http://www.chlip.com.cn
Email：club@chlip.com.cn
如发现图书残缺请与我社邮购联系调换
211566Y1X101ZBW

前　言

当前，高校深入学习贯彻全国教育大会和全国高校思想政治工作会议精神，牢牢把握立德树人根本任务，聚焦"培养什么人、为谁培养人、怎样培养人"这一根本问题，强化"大思政"理念，着力构建一体化育人体系，积极推进全员、全程、全方位育人。应用型高校设计专业立足产教融合人才培养模式，积极探索具有专业特色的课程思政教学实施路径，是新时代推进设计专业教学改革、落实立德树人根本任务的必然要求。为贯彻落实立德树人的根本任务，践行"把思想政治工作贯穿于教育教学全过程"的教育思想，教师通过设计专业教学实践不断深入思考，在设计人才培养中把思政育人融入教学的各个环节，在专业课程、设计实践、设计实习、创新创业中上好"大思政课"，引导学生践行社会主义核心价值观。

本书主要分两篇进行阐述：第一篇是设计专业课程思政的教学理论与策略；第二篇是设计专业代表性课程的课程思政教学实践案例。论述从设计专业的课程思政教学原则、思路、具体策略、教学方法与设计等方面展开，架构了设计专业实施课程思政的系统理论框架，并精心挑选13门优秀课程，将教师的课程思政教学心得与实践体会整理归纳成教案，供各具体课程的主讲教师在教学中使用，也为全国各高校讲授设计专业课程以及设计相关专业课程的一线教师与教学管理人员提供指引。

作者
2022年1月

目 录

1 第一篇 设计专业课程思政的教学理论与策略

第一章　产教融合人才培养模式下设计专业"三全育人"体系建设研究 / 008

第二章　创新创业教育融入应用型大学思政工作的思考 / 016

第三章　设计专业课程思政与教学创新实践研究 / 023

第四章　高校艺术通识课程的审美素养探析 / 032

第五章　思政育人理念在设计类课程混合式教学中的应用 / 037

第六章　疫情防控常态化下设计类产教融合课程建设研究 / 042

第七章　课程思政案例教学在艺术设计类课程中的实施与应用 / 050

第八章　"产品设计"课程思政建设探究 / 054

第九章　课程思政改革的多维透视 / 060

2 第二篇 设计专业代表性课程的课程思政教学实践案例

第十章　"市场调研与分析"课程思政教学实践 / 068

第十一章　"数字音乐"课程思政教学实践 / 074

第十二章 "产品改良设计"课程思政教学实践 / 080

第十三章 "视觉传达"课程思政教学实践 / 094

第十四章 "设计文化考察"课程思政教学 / 101

第十五章 "产品创新设计"课程思政教学实践 / 108

第十六章 "展示设计"课程思政教学实践 / 116

第十七章 "平面构成"课程思政教学实践 / 125

第十八章 "视听语言"课程思政教学实践 / 131

第十九章 "交互设计软件基础"课程思政教学实践 / 137

第二十章 "工业设计简史"课程思政教学实践 / 155

第二十一章 "二维动画"课程思政教学实践 / 162

第二十二章 "产品造型设计"课程思政教学实践 / 171

第一篇

设计专业课程思政的教学理论与策略

第一章
产教融合人才培养模式下设计专业"三全育人"体系建设研究

刘博敏　上海电机学院设计与艺术学院

当前,高校深入学习贯彻全国教育大会和全国高校思想政治工作会议精神,牢牢把握立德树人根本任务,聚焦"培养什么人、为谁培养人、怎样培养人"这一根本问题,强化"大思政"理念,着力构建一体化育人体系,积极推进全员、全程、全方位育人。《国家产教融合建设试点实施方案》明确指出,深化产教融合,促进教育链、人才链与产业链、创新链有机衔接,是推动教育优先发展、人才引领发展、产业创新发展、经济高质量发展相互贯通、相互协同、相互促进的战略性举措。对应用型高校设计专业而言,立足产教融合人才培养模式,构建"三全育人"体系,探索具有设计专业特色的"三全育人"教学实施路径,是新时代推进设计专业教学改革、落实立德树人根本任务的必然要求。在设计人才培养中把思政育人融入产教融合教学各个环节,在专业课程、设计实践、设计实习、创新创业中上好"大思政课",对于引导学生践行社会主义核心价值观具有重要的现实意义。

一、产教融合人才培养模式下构建设计专业"三全育人"体系的重要意义

(一)"三全育人"体系建设有助于立德树人根本任务的落实

在培养德智体美劳全面发展的社会主义建设者和接班人,着力培养担当民族复兴大任的时代新人的过程中,立德树人根本任务要得到根本落实。当前,应用型高校设计专业少数学生政治信念立场不坚定、集体认同意识较淡薄、职业能力素养较欠缺、设计创新能力较薄弱,与新时代对应用型设计人才培养的需求不匹配。探究深层次原因,是由于高校专业教师、思政教师和教学管理人员在教学中缺乏全员沟通互动、全过程各环节缺乏配合衔接、全方位育人推广缺乏系统规划。这就对应用型高校设计专业全面推进"三全育人"体系建设提出了迫切要求。"三全育人"体系建设将立德树人与人才培养各环节系统地结合起来,统筹推进学生全面发展,促进学生成长成才,有助于全面统筹各领域、各环节、各方面的育人资源和育人力量,也将知识、能力与理想信念、价值理念、道德观念的教育有机结合在一起。进一步说,所有"三全育

人"体系内的教师都更好地肩负起了立德树人的职责，都更好地承担起了引导学生成长成才的神圣使命，更有助于社会主义核心价值观的践行。

（二）"三全育人"体系建设有助于产教融合人才培养模式的完善

产教融合是提升大学内涵建设、提升人才培养质量的重要举措，是高校转型发展的重要路径。应用型高校设计专业教学发展的重要路径之一就是加强校企合作以及实施产教融合。在设计人才培养的过程中，高校需要充分借力企业资源、发挥自身设计专业的优势特色，将行业需求与人才培养规格进行匹配，把理论学习和创新创业实践有机融合，主动融入地方、服务行业产业，推进建立学校、政府、行业、企业等多方参与人才培养，在人力、资金、项目、平台等方面进行有效整合。产教融合人才培养模式不仅是专业设计理论体系的传授，更是对人才德智体美劳全面的培养，需要思政工作体系的全面搭建。将"三全育人"体系设计到产教融合模式的教学体系、科研体系、管理体系、实践体系中去，才能真正做到全员、全过程、全方位。从校内与校外、课内与课外、线上与线下多个维度锁定立德树人这一根本任务，将立德树人贯穿产教融合教育教学全过程和学生成长成才全过程，融入校内外课程、教材编写、备课授课、质量验收等各个环节，有利于形成全面、高效的育人机制。

（三）"三全育人"体系建设有助于产教融合师资队伍的建设

当前，高校的设计专业教学普遍在沿用传统美术美育的教学思想和理念，学校专业教师比较重视方法与理论的讲解，而较少对学生进行设计方法和技能的实操训练，虽然在专业课程体系中安排了不同层次的实践实训课程，但由于受各方面客观因素制约，还未能真正帮助学生彻底打通从设计方案到技术实现的路径。在产教融合人才培养模式下，高校可以组建校企一体、专兼职结合的双师型教学团队，企业教师全程参与专业方案制定，参与课程教材建设，组建联合授课团队，参与人才培养评价。企业教师成为人才培养的教师队伍建设的重要力量。"三全育人"体系将校内外教师队伍一体化设计、一体化推进。全体教师都应将立德树人作为根本任务，强化育人意识和责任担当，自觉对学生实施思想价值引领。产教融合教师团队在专业能力培养、课程案例选择、课程资源组织的过程中都会将德育目标统筹起来，一体化实施，特别是课程育人、科研育人、网络育人等育人体系的育人资源。有了"三全育人"体系的科学搭建，校内外教师紧紧围绕育人目标的达成度就会有效增加，真正实现全员育人。

(四)"三全育人"体系建设有助于人才培养目标的实现

应用型高校的设计专业教育既有高等教育的教学特征,又有突出的市场需求导向,其培养目标是培育具有社会主义核心价值观、德智体美劳全面发展的社会主义事业建设者和接班人,以及站位区域经济建设需要,培养设计实践能力与人文综合素养协调发展的新时代卓越应用型设计人才。高校和企业需要面向产业技术重大需求开展人才培养和协同创新,提高应用型人才培养比重。产教融合促进教育链、人才链与产业链、创新链有机衔接,是推动教育优先发展、人才引领发展、产业创新发展、经济高质量发展,相互贯通、相互协同、相互促进的战略性举措。与传统教学相比,产教融合背景下思想政治教育的教育者、受教育者发生了明显变化,融进了企业、行业、市场等要素。思想政治教育有效开展的首要问题就是确立具有针对性和个性化的教育目的,真正明确需要什么样的设计师,学生应该具备什么样的品质,从而推动实现育人目标。"三全育人"体系可以将不同的品质要求系统设计在过程和环节上,在课程教学、文化素质、劳动教育、创新创业、数字媒体等育人场域中突出重点目标要求,以有效解决思想政治教育贯穿人才培养不彻底的问题。

二、产教融合人才培养模式下设计专业"三全育人"工作存在的问题

经过多年的探索实践,应用型高校设计专业"三全育人"工作新格局逐渐建立,成效逐步显现。育人的主体队伍不断扩大,育人队伍不断加强,育人水平不断提高。但产教融合人才培养模式下,"三全育人"工作仍存在以下问题。

(一)"三全育人"的认识还有待提高,产教融合教师团队育人经验还需要提高

产教融合教师团队对"三全育人"的认识高度还不够,未能从堪当民族复兴大任的时代新人高度来认识思政教育的重要性,未能从凝聚思想育人目标的角度去加强团队建设,在共识上存在短板,开展建设德育工作的自觉性和积极性有待提高。与传统人才培养模式相比,产教融合人才培养模式育人的时间和空间有显著区别,其育人的协同效应越来越明显,育人平台越来越广阔。新形势下设计专业产教融合育人目标要求教学团队具备丰富的设计项目实践经验,能指导学生切实解决设计项目中的实际问题,并充分将社会需求和时代品质引入教学的各个环节,最终服务于设计人才培养,在这些方面产教融合教师团队的工作经验还有待提高。

(二)"三全育人"体系有待进一步健全,长效保障机制尚待改进

在产教融合人才培养模式下,传统的育人体系和机制需要进行调整,学校统一领导,各部门分工负责的领导体制正向协同育人的体制转变,在育人队伍和资源的整合上,还未完全形成横纵协同、立成体系的理想态势。应用型高校培养的设计人才应同时具备工程技术与美学艺术的知识与能力,并能有效集成运用于设计实践。传统产学研合作模式中,学校与企业多采用短期项目合作形式,频繁更换合作对象、缺乏长效保障机制等因素都导致企业的参与度较低。有效激励教师关爱学生、爱岗敬业、乐于奉献的措施不系统,思想政治工作与社会经济发展有机结合不够,课程教学、学生工作、管理服务等工作"条块分割"的情况不同程度存在。在产教融合的模式下,人才培养更具有长期性和稳定性,所以搭建系统的"三全育人"体系更加稳定,育人协同机制更加有效。

(三)"三全育人"体系支撑力度不够,育人效果还需提高

当前,设计专业校企合作课程需要提升体系性和延续性,企业参与设计项目实践教学的质量评价需要更加合理,德育评价目标未能很好地嵌入产教融合的各个环节。学生评价重智育轻德育、重知识轻能力、重分数轻素质,教师评价重科研轻教学、重教书轻育人的现象在有些学校还未得到根本扭转。此外,当下的教师实践能力培育和激励机制不完善,教师普遍缺少与企业联动开展设计实践的经验与动力,导致校企合作实践育人成效目标不显著。产教融合需要"三全育人"评价和激励体系强有力的平台支撑,为育人效果提供保障支撑体系。

三、设计专业产教融合人才培养模式下"三全育人"体系举措与实践

上海电机学院是一所面向先进制造业及现代服务业,以工学为主,经济学、管理学、文学、艺术学、理学等学科协调发展的普通高等院校。学校致力于培养德智体美劳全面发展,专业知识精、应用能力强、综合素质高,能够解决企业一线实际工程技术问题,具有创新精神的、卓越的高等技术应用型人才。设计与艺术学院立足上海及长三角地区先进制造业及相关服务业发展需求,以培养卓越的高等技术应用型人才和开展应用技术研究为重点,以高水平的师资队伍建设为关键,以校企合作为基本路径,积极探索和创新产教融合人才培养模式下的"三全育人"体系建设。

（一）形成设计类专业基于产教融合人才培养模式下的"三全育人"体系

设计与艺术学院高度重视"三全育人"工作，形成了基于产教融合人才培养框架下的"三全育人"体系（图1-1）。学院对育人工作进行分工，责任落实到具体单位、载体、岗位和个人，发挥院内外、各个岗位、各种要素之间的协同效应，努力形成育人合力，着力构建"党建引领、双链螺旋、三双四共、五产合一"的"1+2+3+4+5""三全育人"体系。聚焦立德树人根本任务，紧扣"三全育人"主题，按照"三圈三全十育人"育人体系设计，突出"十大育人"，突显全员参与、全过程覆盖、全方位协同育人的特点，体现学校在育人理念创新、思路创新、机制创新、载体创新、方法创新等方面的积极探索，展示了学院"三全育人"成效。

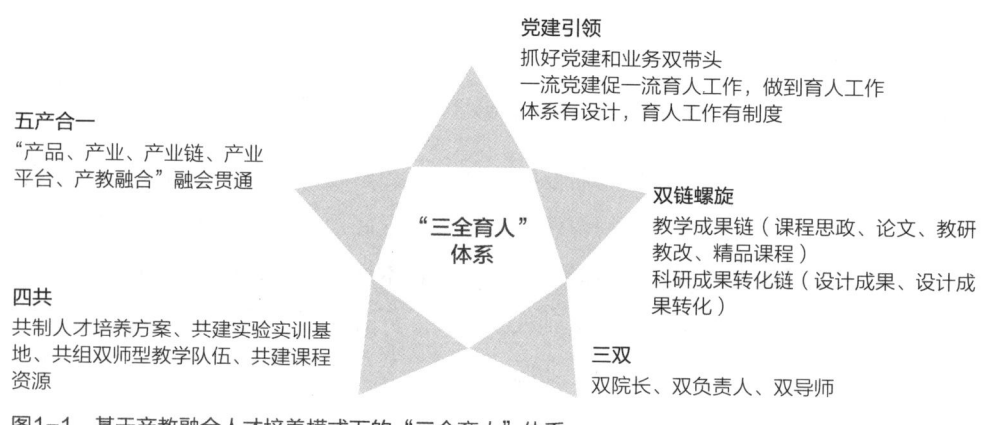

图1-1 基于产教融合人才培养模式下的"三全育人"体系

党建引领：一流党建促一流育人工作，做到育人工作体系有设计，育人工作有制度。作为第二批教育部高校样板党支部创建单位和上海市高校双带头人工作室党支部，我直属党支部抓好党建主责主业，抓好党建和业务双带头，重点在思政课程和金课培育等育人工作中发挥重要作用。设计与艺术学院按照市委、校党委有关精神要求先后出台《设计与艺术学院学院"三全育人"工作方案》《设计与艺术学院"三全育人"协同单位建设管理办法》《设计与艺术学院"三全育人"校外导师工作办法》等工作制度。特别在组织育人方面，与闵行基层党组织开展"三全育人"工作成果显著。

双链螺旋：构建了产教融合的双链螺旋"三全育人"良性互动机制，充分发挥了各方积极性。设计与艺术学院重视产教融合在设计学专业和学科建设方面的重要作用。学院搭建教学成果链和科研成果转化链，让老师和学生在教学和科研工作方面形成良性互动机制。双链螺旋互动机制紧扣"十育人"工作,在"三全育人"过程中不断涌现出课程思政成果、教研教改成果、金课成果、设计竞赛成果、设计成果转化成果,合作企业品牌力和制造设计力不断提升。

"三双四共":在组织层面,学院邀请双院长、双负责人、双导师参与课程思政的建设任务。在思政融入的设计类专业课程建设小组层面,由专业教师、企业导师与思政教师共同组成,形成三方位联动。专业教师主要承担专业理论教学,并承担部分设计实践环节的教学。邀请国内外著名企业的高管和技术专家作为企业导师,并选择平台中优秀的校友创业者作为第二课堂设计实践指导者,以讲座、workshop(工作坊)等形式共同参与教学。邀请专长于"大学生素质教育"的思政教师作为项目组成员,将育人元素融入专业课程教学,通过课程思政理念在课程教授过程中为学生传递正确的价值观。课程建设小组成员相互配合、相互协商,共同明确课程建设目标与建设路径,有效利用各种社会力量与资源,从而逐渐实现"全员育人"。学院和企业共同设计"三全育人"载体,包括和企业共制人才培养方案、共建实验实训基地、共组双师型教学队伍、共建课程资源,形成四方面覆盖。

五产合一:在校企合作中,发挥设计学科在产品、产业、产业链、产业平台的整合优势,开展产教融合平台建设,形成"五产合一"。将"三全育人"体系建设育人内容、育人方式、育人途径、育人载体,与校企合作的内容、方式、途径、载体进行一对一对接。

(二)在"三全育人"要求下,完善了产教融合人才培养模式下人才培养目标实现机制

完善人才培养目标实现机制,丰富"三全育人"载体在形成设计类专业学生培养目标的作用(图1-2)。在教学评价、课内教学、课外活动、课外实践、实践平台和比赛评价方面嵌入育人载体,显现育人功能。深入推进校外实习实训基地、素质教育特色基地、社会实践基地、就业实习基地建设等,不断完善"教育教学—实习实训—实践孵化"三位一体的工作体系,积极拓展、培育、打造一批示范基地和品牌项目。进一步完善了学生培养目标运行机制。

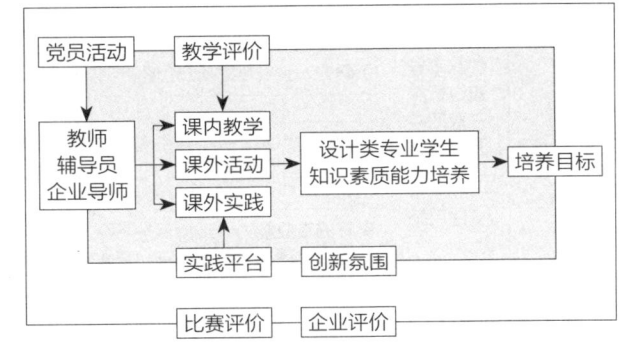

图1-2 产教融合人才培养模式下人才培养目标实现机制

（三）完善了基于产教融合人才培养模式下思政育人与专业融合机制

思政育人与专业能力培养是复杂而且渐进、持续的过程。应充分发挥专业教师、思政教师和企业导师的作用，促进学生思想上的守正与能力上的提升。实行思政教育与专业教学融合机制。学院应对育人工作进行分工，责任落实到具体单位、载体、岗位和个人，以发挥院内外、各个岗位、各种要素之间的协同效应（图1-3）。

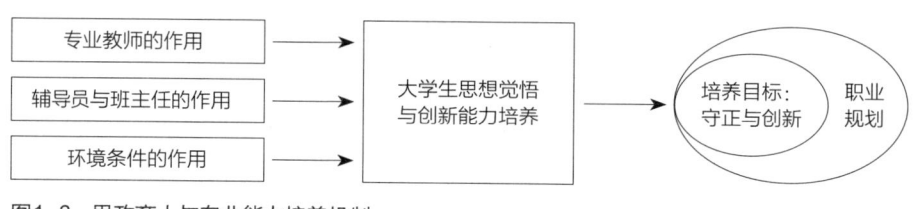

图1-3 思政育人与专业能力培养机制

（四）围绕人才培养目标，探索了守正思想与校企合作课程创新能力培养途径与方法

培养设计类本科生守正思想与创新能力，一方面来自思政课程；另一方面主要来源于校企合作专业教学与实践环节。研究成果包括以下内容：遴选思政融入设计类专业的核心课程，探索思政育人与设计创新能力培养的融合；课上、课下结合，校内、校外结合，使思政育人与创新能力培养贯穿本科阶段；搭建双创平台，营造创新氛围，让学生在体验中培养职业操守，提高创新能力；组织指导教师，全程参与指导，与学生在设计创新与思想教育活动中一起成长；努力加强学科建设，科研反哺教学，助力大学生守正思想与创新能力培养（图1-4）。

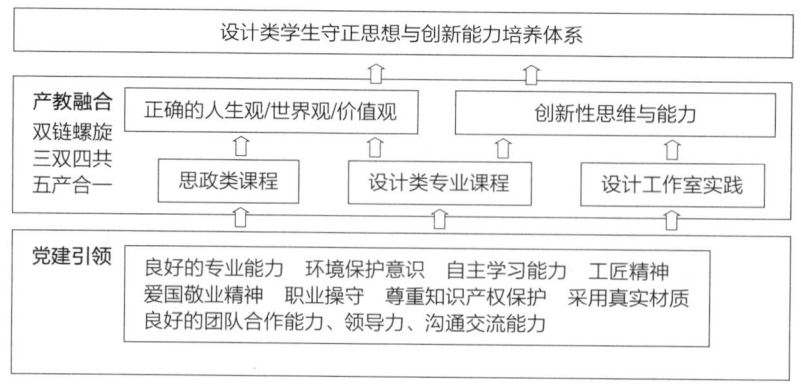

图1-4 设计类学生思政课程与校企合作课程互动体

参考文献

[1] http://www.gov.cn/xinwen/2019-10/10/content_5438011.htm《关于印发国家产教融合建设试点实施方案的通知》.

[2] 董秀娜,李洪波,杨道建."三全育人"理念下构建高校思想政治工作体系的三维路径[J]. 思想教育研究,2021(01):151-154.

[3] 郑义,朱其志,王明珠. 产教融合背景下农业高职院校"三全育人"体系建设研究[J]. 教育与职业,2021(21):47-51.

[4] 刘承功. 高校"三全育人"的核心要求、目标任务和实现路径[J]. 思想理论教育,2019(11):92-95+111.

[5] 李向成. 高校深化"三全育人"综合改革的现实困境与实现路径[J]. 中国高等教育,2021(23):44-46.

第二章
创新创业教育融入应用型大学思政工作的思考

陈 怡　上海电机学院设计与艺术学院

1989年,"挑战杯"全国大学生课外学术科技作品竞赛首次在清华大学拉开帷幕,由此也拉开了我国高校开展创新创业教育的序幕。在三十余年里,我国教育部出台了一系列政策文件为创新创业教育在高校实施推进给出了指导性意见。2010年教育部发布《关于大力推进高等学校创新创业教育和大学生自主创业工作的意见》,明确"创新创业教育要面向全体学生,融入人才培养全过程。把创新创业教育有效纳入专业教育和文化素质教育教学计划和学分体系,建立多层次、立体化的创新创业教育课程体系。突出专业特色,创新创业类课程的设置要与专业课程体系有机融合,创新创业实践活动要与专业实践教学有效衔接,积极推进人才培养模式、教学内容和课程体系改革。"

党的十八大以来,我国不断深化高等学校创新创业教育改革,从人才培养方案制定、教学改革、育人机制、师资队伍培养等多方面,搭建创业实践训练、构建大学生创业体系,把创新创业教育融入人才培养中。在大众创新、万众创业的背景下,2015年国务院办公厅发布《关于深化高等学校创新创业教育改革的实施意见》〔2015〕36号,强调深化高等学校创新创业教育改革,是国家实施创新驱动发展战略,推进高等教育综合改革的重要举措。这一文件的发布说明了我国以高校大学生为主力军的全民创新创业教育已全面实施。面对严峻的就业压力和就业竞争要求,高校毕业生不应仅是一名求职者,更要成为一名工作岗位的创造者,培养一批创新创业型人才已成为高校的必然使命。

与此同时,中国高等教育改革也在进一步深入,高校人才培养层次进一步明晰。《上海高等教育布局结构与发展规划(2015—2030年)》构建形成上海高校二维分类管理体系,横向维度上,按照学科门类及一级学科发展情况,把高校划分为综合性、多科性、特色性三类;纵向维度上,按照承担人才培养和学术研究功能,划分为学术研究、应用研究、应用技术、应用技能四类,形成了"十二宫格"。应用技术型大学是为满足我国走新型工业化道路要求、服务创新型国家战略、适应经济社会文化发展需要而提出并不断发展的高校类型,是高等教育体系的重要组成部分,其人才培养的重心落在"应用"与"技术"上。大学生创新创业教育是大学生应用技术类大学生人才培养的重要一环，也是应用技术类大学生思想政治教育与时俱进的载体。

高校是国家高素质人才培养的摇篮，必须从落实"立德树人"的教育任务出发，以培养人才的思想政治素养为起点，为社会的进步发展输送高素质人才提供保障。以创新创业教育为导向的思政工作，有利于为思政工作的创新提供机遇，实现思政工作在理论与实践上融合，对提升思政工作育人成效，培养大学生创新核心素养，具有重要意义。创新创业活动和思想政治教育在顶层进行有效设计，面向应用技术类大学生的思想政治教育如何提升其实效性，寻求与应用技术人才培养相适应的实践途径，更好地实现人才培养目标，对于当前应用技术型高校思政工作者是一项重要课题。

应用技术大学在国家创新体系中扮演着重要角色，与区域经济发展密切相关。应用技术大学是培养具有扎实理论基础、较强实践技能和应用能力人才的高等院校，肩负着应用研发创新、服务就业和区域发展及促进终身学习等多重使命，具有地方性、应用性和技术性等特征。国民经济和社会发展规划纲要明确提出，推动具备条件的普通本科高校向应用型转变。2020年，中共中央、国务院印发《深化新时代教育评价改革总体方案》，要求探索建立应用型本科评价标准，突出培养相应专业能力和实践应用能力。2015年，教育部、国家发展改革委、财政部联合发布《关于引导部分地方普通本科高校向应用型转变的指导意见》，对高校转型改革进行了顶层设计，提出了本科高校转型发展的主要任务、配套政策和推进机制，为应用型本科高校发展指明了方向。近年来，国家、地方明确了做好应用型高校发展的顶层设计，明确要求地方应用型高校从治理结构、专业体系、课程内容、教学方式、师资结构等方面进行全方位、系统性改革。无论是顶层设计还是现实需要，应用技术大学在区域经济发展中将扮演重要角色。

应用技术型大学思想政治教育工作作为高等教育的一部分，它既有高等教育的一般特征，又具有应用技术的鲜明特色。应用技术大学培养目标注重培养学生将理论转化为技术、将技术转换为生产力和产品的能力，满足经济社会发展对高层次、高素质技术型人才的需求，学生具有扎实的基础理论知识的同时，也要具有较强的专业实践能力和职业素养。应用技术型大学思想政治教育工作根据自身人才培养目标要求要有着力点和方向。

一、创新创业教育与应用技术型大学思想政治教育的关系

创新创业教育与大学生思想政治教育在内容上虽然有各自的侧重点，但二者也具

有共性。在应用技术型大学生培养过程中，二者相互作用，并且都需要建立在认真分析教育对象的基础上，选择适当的教育方法提高针对性和实效性。

（一）创新创业教育与应用技术型大学思想政治教育目标的一致性

中共中央、国务院颁发的《关于进一步加强和改进大学生思想政治教育的意见》中强调创新型创业人才的培养，重视高校大学生创新能力、实践能力和创业精神的培养。应用技术型大学生创新创业教育重在激发学生的首创精神，注重创业能力、技术、社交和管理技能等培养。创业教育是一种"以开发和增强其创业基础素质、培养具有开创性个性人才为目的的教育"。思想政治教育是以培养大学生的爱国主义、道德规范、理想信念以及人的全面发展为目标。在目标要求上，创新创业教育目标与应用技术型大学生思想政治教育是相一致的。同时，二者在培养全面的、具有创新创业能力素养的人才方面也具有一致性。在应用技术型大学生群体中开展创新创业教育实践活动，将对大学生思想政治教育目标的实现起到重要的推动作用。

（二）创新创业教育与应用技术型大学思想政治教育内容的互补性

创业能力的培养主要为了解决大学生在创业过程中面临的实际问题和解决问题的能力。然而，在大学生的创业过程中，若是缺乏正确的思想引领，容易导致大学生创业方向把握不准，遇到困难容易放弃，常常出现创业热情高、行动少、缺乏务实精神等问题。在创业教育中，有效开展思想政治教育更能帮助创业者建立起牢固的思想堡垒，提高克服困难的能力。从思想政治教育内容来看，"主要包括世界观教育、政治观教育、人生观教育、法制观教育、道德观教育五个方面"，其目的是不断提高人们的思想道德素质。应用技术型大学所培养的学生面向生产一线，以培养生产、工程、管理、服务一线的高级应用型专门人才为目的。与应用技术型人才培养相适应的思想政治教育内容突出具体性和实践性，思想政治教育内容要求与学生的实际生活紧密相连，能够解决大学生的实际问题。将创新创业教育融入应用技术型大学生的思想政治教育，使抽象的思想政治教育理论知识落到具体的实践中。在创业实践中，使大学生体会、感悟人生的哲理、道德规范，增强社会责任感等。同时，也使思想政治教育的内容在创业实践活动中得以丰富，引领大学生形成正确的理想信念和艰苦奋斗的精神。所以，从二者的内容要求上看，创新创业教育与应用技术型大学思想政治教育存在着明显的互补关系。

（三）创新创业教育与应用技术型大学思想政治教育形式的相通性

创业教育是从大学生实际出发，根据社会发展需要而开展的教育工作。从创业教育形式来看，在传统的讲授法基础上，结合讨论法、案例分析、游戏法、头脑风暴、试听法、角色扮演法等。通过采用这些现代化教学手段，重在将创业的知识理论与创业实践相结合，重在激发学生的创业意识和创业精神，强化其个人的实践能力。对于应用技术型本科思想政治工作而言，培养学生的实践能力是其教育的重要着力点。这就要求思想政治教育的教学形式必须有所突破，单纯采用理论教授的方式会使理论知识与社会实际相脱节。二者在教育形式上是相通的。在创业教育过程中，通过创业案例的学习，在情景模拟、角色扮演等过程中，融入思想政治教育，将正确的世界观、人生观、价值观等渗透到创业模拟情境中，使大学生在体验式学习过程中，充分领悟当代大学生的主流思想，将思想教育的理论内化于创业实践，帮助大学生道德素养、社会责任感的养成，提高思想政治教育的实效性。

二、应用技术型大学思想政治教育工作着力点

（一）应用技术型大学思想政治教育工作着力于培养大学生的实践能力

"本科应用型人才培养与传统的本科人才培养最显著的区别是，更突出实践教学环节、加大专业实践教学的比重、强化学生实践动手能力的培养。"应用技术类大学创新创业教育在人才培养计划的比重越来越高。然而，在实践教学过程中，若是脱离了大学生思想层面的教育，会造成应用技术型人才培养成为单一的专业知识的传授和实践技能训练。因而，将大学生思想政治教育有效地融入实践教学中，教会学生用科学精神、思维方法，正确的人生观、世界观等分析问题、解决问题的能力，将有效促进大学生进行科学思维培育、职业精神塑造、团队意识培养等专业素养的提高。应当确立全面育人的理念，将思想政治教育融入应用技术型大学生的专业实践教学和训练中，在专业实践教学中发挥育人作用，从而提升应用技术类大学生的实践能力。

（二）应用技术型大学思想政治教育工作着力于提升大学生的创新能力

应用技术型人才是一种具有较强创新能力的人才，与应用技术型人才培养相匹配的思想政治教育工作必须着力于提升大学生的创新能力。大学生创新能力培养是一个复杂的系统，它不仅与人们的知识、智力有关，还依赖于创新者个性品质的培养。在此过程中，人的思想道德素养是个性品质养成的核心问题，对创新人才培养起到引导

和激励的作用。例如，良好的思想道德素养能够促使大学生以积极向上的精神状态投入各类专业学习和实践中。加强应用技术类大学生思想政治教育工作，使大学生树立正确的人生观、世界观、价值观，激发其艰苦奋斗、乐于奉献的精神，为培养具备优秀品质的创新型人才提供了保障。

（三）应用技术型大学思想政治教育工作着力于激发大学生的创业意识

对于应用技术型人才培养而言，创业是大学生成长成才的重要方向，是人才培养的至高境界。"创业意识的培养要立足于学生道德情感、道德意志、道德信念、道德行为的形成，使职业道德教育与创业意识的教育结合起来。"创业意识是创业活动的动力之源，也是支撑创业活动持续开展的重要因素。通过思想政治教育引导学生坚持理想信念，激发大学生的责任意识、诚信意识，使大学生认识到在创业活动中自己所肩负的社会责任，形成坚持不懈的创业精神，这些因素都为大学生形成积极的创业意识提供了主观条件。

（四）应用技术型大学思想政治教育工作着力于大学生工匠精神的培养

对于应用技术型人才培养而言，在创新创业过程中，以工匠精神为标准，培养大学生的职业态度和专业精神是必不可少的。在创业过程中，公司的品牌要求、产品的制造要求、企业的管理以及大学生职业能力素质等，都需要工匠精神在其中发挥作用。实际上，对于工匠精神价值核心的认同，也是社会主义核心价值观的具体体现。同时，对于创业大学生的自身行为而言，工匠精神起到了指引作用，在创业活动中为大学生构建了不断创造价值的思维模式。尤其在创业初期，工匠精神能够有效规范大学生的行为和公司发展的方向，为营造和谐的创业环境提供了保障。应用技术型大学思想政治教育工作应着力于工匠精神的培育，在学以致用的实践氛围中使大学生自觉践行真、善、美，发扬精益求精的精神，形成创新创业应该具备的精神认知。另一方面，围绕着工匠精神，在大学生思想政治教育的内容选择、组织和整合方面，更突显创新性和实践性。

三、创新创业教育与应用技术型大学思想政治教育融合途径

（一）以创新创业为载体，开展思想政治教育

创新创业教育与应用技术型大学思想政治教育形式具有相通性。创新创业教育要贯穿于应用技术大学的教学活动中，同时建立完成科学合理的课程体系。德育范畴主

题的创新创业内容，应当以合理的形式融入应用技术大学创新创业教育培养体系中，强化实践体验，突出特色。在创新创业的讲座、案例、体验等活动中融入理想信念教育、爱国主义教育、法治教育、诚信教育、职业道德教育。利用创新创业载体，建立创新创业与德育互通的桥梁。另外，在创业教育课程和创业实践的过程中，应强化德育的考评环节。例如，在创业孵化过程中，在诚信、守法行为等方面可实行一票否决，使参与创业的大学生更加重视道德和修养的养成。创业教育不再是简单的培养创业者的教育。创新创业教育应该融于应用技术类大学生的思想政治教育之中，成为培育和谐全面发展的公民的一种手段，使正确的思想政治教育理念、方法在大学生创新实践中得以应用，提高思政教育的实效性。

（二）充分拓展产学研平台，提高应用技术型大学思想政治教育实效性

"产学研"是提升高校服务于地方经济社会发展能力的重要途径，也是应用技术型人才培养的重要模式，对培养大学生创新能力和实践应用能力起到了重要促进作用。在基于产学研平台的创新实践活动中，大学生将面临目标迷茫、管理理念模糊、人际交往困扰等问题。以正确的世界观、人生观、价值观作为思想导向，树立艰苦奋斗、自强不息的创新创业精神，以基本的道德规范为基础，进行公民道德教育，提升大学生社会责任感和道德意识，将为大学生创新创业保驾护航。充分把握"产学研"项目所提供的创业实践平台，开展大学生思想政治教育，在教学形式上打破了单一的讲授式思政课教学方式，既激发了其创新学习热情，又使其体会到道德教育的内在要求；在教学内容上，思想政治教育融入实际生活，价值理念才能真正地落到解决学生实际问题之上。

（三）营造创新创业型校园文化，发挥校园文化的德育功能

校园文化是应用型本科大学生思想政治教育的文化载体之一，具有重要的育人功能。应用技术型本科院校的校园文化强调职业性与实践性。第一，在校园创新创业文化营造过程中，应用技术类型高校与行业、企业紧密联系，校企合作项目入驻校园，联合开展创新实训基地建设，要让师生们能够感受到浓厚的职业氛围；第二，在创新创业精神文化方面，可将学校精神、校训、校史融入创业教育中，使学生了解学校创业发展中的艰难与不易，激发学生爱校、荣校之情，同时也激励大学生勇于创业，学会感恩，树立远大抱负；第三，大力发展大学生创业社团活动，通过组建大学生创业社团、邀请企业人员为大学生开设创业讲坛、组织参加创业竞赛。在丰富多样的创业主题活动中，发挥创业榜样的模范作用，提高德育实效性，引导正确的价值观的形成。

（四）充分运用网络思政阵地，扩大创业教育辐射面

互联网时代的到来，新媒体技术以迅猛的速度在现代社会中传播，对高校大学生的思想和道德观念、价值判断产生了重大影响。对大学生思想政治教育工作而言，新媒体技术既是一种挑战，又为高校思政工作开辟了一种全新的教育方式。微博、微信、QQ、校园网等迅速渗透到高校大学生的日常生活中，其中以易班为代表的高校网络思政平台已迅速走入大学生的视野。以创新创业教育为契机，在高校网络思政平台中，构建网络创业实践平台，开发创业教育网络课程，充分发挥网络教育的便捷性、趣味性等特点，将学生快速吸引到创新创业活动中。利用新媒体思政平台，结合创业实践成功案例的宣传，扩大教育辐射面，提高其创业实践经验。

参考文献

[1] 新华社. 习近平致2013年全球创业周中国站活动组委会的贺信. 2013年11月08日.

[2] 中华人民共和国教育部. 教育部关于大力推进高等学校创新创业教育和大学生自主创业工作的意见. 教办〔2010〕3号. 2010年5月13日.

[3] 中共中央国务院关于进一步加强和改进大学生思想政治教育的意见[Z]中发〔2004〕16号.

[4] 唐平. 大学生创业教育研究[M]. 北京：清华大学出版社，2014：13.

[5] 陈万柏. 思想政治教育学原理[M]. 北京：中国人民大学出版社，2012.10：129.

[6] 汪元宏，蒋德勤，王有炜. 高校应用型人才思想政治教育改革探索[M]. 南京：南京大学出版社，2013.11：39.

[7] 孙庆珠. 当代大学生创业教育[M]. 北京：国防工业出版社，2010.7：16.

第三章
设计专业课程思政与教学创新实践研究

朱 彦　上海电机学院设计与艺术学院

高等教育教学要达到理想的预期效果，就必须依据教育对象的特点和教学环境实际制订有针对性的实施方案。设计专业的学生与其他专业的学生相比，在思维方式、行为心理及文化基础等方面都有其鲜明的特点，这就给设计专业课程思政教学如何实施提出了亟待思考与解决的问题。

一、设计专业课程的教学痛点及成因分析

（一）教学痛点

1. 没有重视学生价值观塑造

传统课程教学中教师偏重知识传授和能力培养，课程育人效果不明显。学生专业自信不足，设计情怀不深，部分学生不愿意从事本专业，在工作中缺乏责任心和担当意识。

2. 没有满足个性化学习需求

传统授课没有因材施教，没有考虑到不同学生在接受同等难度的课程内容时，会存在认知能力、表达能力、综合能力等方面的差异，教师为了兼顾整体接受程度，往往需要调整授课内容使之适合班级平均水平。结果就是有的学生吃撑了，有的学生吃不饱。

3. 没有驱动高质量的教与学

课堂教学活动仅以班级为单位，讲解采用PPT与板书结合，不能激发学生的学习兴趣，教师与学生的互动少，学生的参与度低。学生死记硬背，"期末一考定成绩"的方式不能反映其真实能力和素质，无法驱动高质量的教与学。

（二）成因分析

针对上述痛点问题，通过广泛调查研究和深入分析总结，归纳主要成因如下。

1. 课程目标的价值引领不足

在以往的教学中，课程目标中的价值引领与知识传递和能力培养之间存在脱节，

没有围绕应用型本科高校设计学科的育人特色，深入挖掘课程中的思政元素。学生缺乏专业自信和责任意识。

2. 教学内容的体系创新不够

课程内容体系庞大，涵盖内容较多，前沿性和创新性不足，现有教材与解决实践问题存有差距。教师在教学过程中没有正确处理教材与课程内容的关系，要么"依赖教材"照本宣科，要么"抛开教材"任意发挥。

3. 教学活动的形式多样不够

教学活动缺乏系统性设计，以"教"为中心的教学活动形式单一，学生只能被动接受，缺乏理论联系实践的机会，不能满足不同层次学生的需要，缺少对实践能力、探究能力和挑战性学习能力的培养。

4. 考核评价的方式多元不足

考核评价方式偏重期末考试及知识记忆考核，没有有效激发学生的学习积极性，使得很多学生不注重平时学习，不能养成持续学习、主动学习的习惯。

二、设计专业课程思政与教学创新的理念和思路

（一）创新理念

随着互联网信息技术与教育教学的深度融合，以及学生自我主体意识和自我表达愿望的逐步增强，重视理论知识而忽视实践知识，注重结论传授而轻视探索过程的传统教学模式迫切需要进行改革创新。教学创新理念围绕三方面展开：教学使知识的传授与学生的生活经验建立起联系，对学生固有的知识结构有所触动，与学生的未来职业生涯建立联系。

（二）创新思路

首先是转换教师角色，教师不仅是现有知识的传授者，更应是问题背景的设计者、研究过程的指导者、学生疑难问题的咨询者和研究结果的评价者；其次是注重对学生进行探索学习过程的训练，通过学生的亲身体验得到问题的结论，把"知识传授"转变为"知识探究"，把"知识接受"转变为"能力培养"。最后，在"以问题为中心"的方式下进行教学，在发现问题、探究问题、解决问题的过程中锻炼学生的思维能力、实践能力和创新能力，使课堂从"以教师为主体"向"以学生为主体"转变。

三、设计专业课程思政与教学创新实践举措

（一）解构重组教材章节，架构分层教学内容

深耕教材内容，研究学生特性，准确把握重点难点，推动教学目标与学生需求对接，将教材章节进行解构重组，架构分层教学内容新体系。如图3-1所示，以"产品造型设计"课程为例，将所有课程内容分为课程模块、知识单元、微课程、课程内容四个层级。课程模块按照学习程度的逐级递进，由低到高依次为基础模块、进阶模块、高阶模块和实战模块；知识单元是每个课程模块的具体内容；微课程是知识单元中细分的独立知识点，每节微课程对应一个具体的知识点；课程内容是针对微课程的具体教学资源，包括微视频、微课件、设计实践课题和拓展资料等。在每个层级中，均设立了拓展学习通道，为学生提供必学和选学两种学习路径，让学有余力的学生在完成必学路径后，还可以继续选学相关的课程内容，最终通过分层次教学，实现因材施教，满足个性化学习需求。

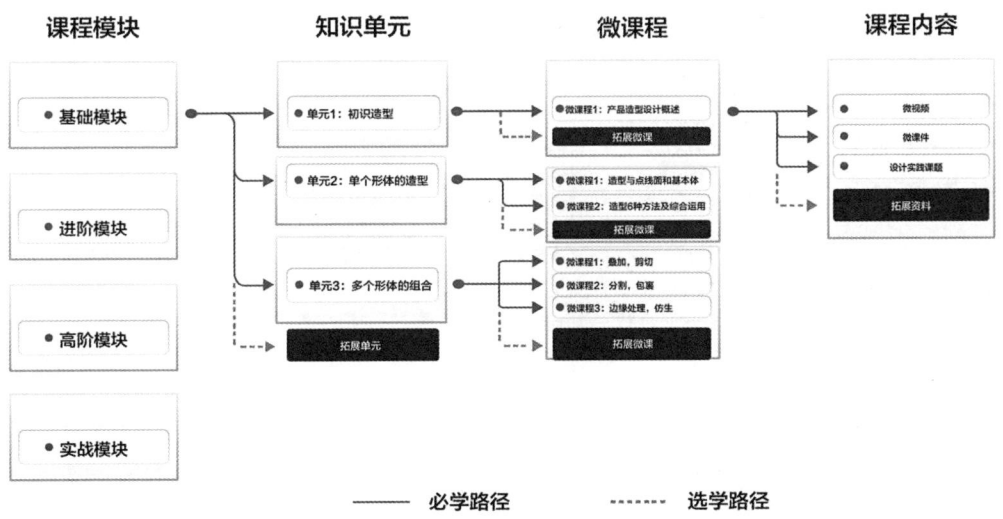

图3-1 分层教学内容

（二）遵循双钻模型路径，问题导向混合教学

以问题导向为主线，将线上与线下教学有机融合。"知识+能力+思政"并重，训练学生寻找有效方法去解决问题，通过亲身体验得到问题答案，从而掌握理论知识，开拓创新思维，提高设计能力，培养设计情怀。"双钻模型"由英国设计协会提出，其将解决问题的过程分为需求研究、问题聚焦、设计实施、测试评价四个循序渐进的阶段。基于此模型，教师精心设计了图3-2所示的问题导向混合教学实施路径，并积

极组织教学,让学生经历思维的"发散—聚焦—再发散—再聚焦",通过"边学边做"的方式唤醒学习兴趣、自主探索实践、构建知识体系,提高职业素养,教师评价重点在学生如何展开设计的全过程上。下文以实战模块中的新农文创产品设计教学内容为例展示具体教学实施。

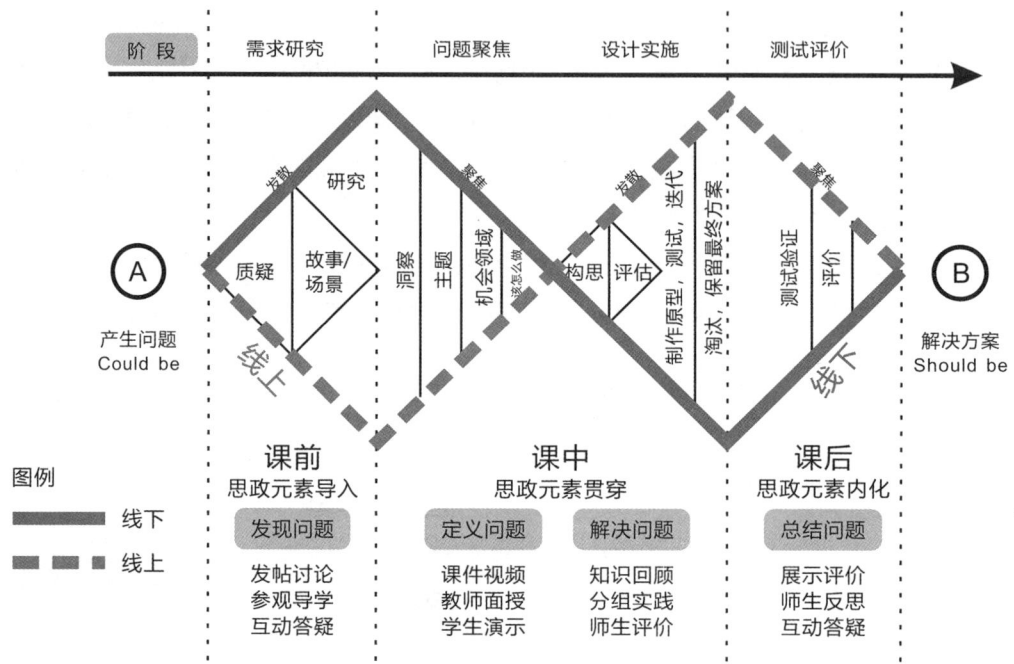

图3-2 基于双钻模型的问题导向混合教学实施路径

1. 课前

这一阶段的核心行动是探索,主要是需求研究,是发散型的思考,探索和研究问题的本质原因。

线上教学实施:教师在课程平台发布预习要求,从中收集学生普遍集中的疑问,使备课更有针对性。学生通过探索行动进行需求研究,运用线上视频、案例分析、学习工具以及线下书籍等资源完成基础理论知识的线上自主学习,回答自测习题和在答疑讨论区发帖。

线下教学实施:教师组织学生利用课余时间先行参观上海市闵行区马桥绿色生态现代农业片区,了解中国农业的发展历程与新农业文创产品的现状,深刻感受中国现代农业发展所取得的辉煌成就。教师与上海漫农文化公司联合举办新农业文创研讨会,师生与企业专家共同探讨新农业品牌塑造与文化提炼。学生针对目标对象,列举可能遇到的真实场景元素，包括地点、时间、人物、故事等，梳理整个设计流程和节点。研究则是针对具体问题开展，例如用户画像、问卷调查、竞品分析、行业分析等，最终得到一系列的分析结果。通过这样多维度、多途径的信息输入方式使学生建立整体概念框架，对新农文创产品设计的目标与定位更加清晰，为接下来快速进入课程学习状态做准备。

2. 课中

这一阶段的核心行动是定义，主要是问题聚焦，是知识内化的深度学习阶段，学生逐层展开设计实践，教师则通过拓展性知识讲解让学生更深入的理解理论知识与课程目标。

线下教学实施：线下教学以指导为主，教师系统梳理与新农文创产品相关的知识点，针对课前学生自学后尚未解决的疑问进行重点解答，并向全班学生展示往届学生的优秀设计作品，讲解设计思路和创作技巧。学生分组进行创意构思的头脑风暴并绘制思维导图，洞察是把存在的问题、结论看透彻，这是一个深入观察的过程。把问题归类成一个主题，或者说是把问题归类成一个系列，即不同的设计主题及可能存在的机会领域，以便更明确接下来的问题聚焦点在何处，以及该怎么做。

线上教学实施：线上交流以互动答疑为主，学生将自己在课题深入探究中遇到的问题发帖在互动讨论区，教师和其他学生都可以参与答疑解惑，提出自己的观点和判断。学生把自己的分析结果图上传到课程网站进行展示，可以打破之前的分组界限，在全班同学间进一步交流，碰撞思维的火花。

3. 课后

这一阶段的核心行动是发展，主要是设计实施，是构思方案的研究性学习阶段，这个阶段需要把问题具体化，这是一个发散、迭代的过程，细节和方案仍然会不断推翻和重构。

线上教学实施：教师在线课程平台发布实践课题，构思过程是把问题具体化的过程，学生在线上搜寻参考资料，如流行的设计方向、好的设计方案等，并构思自己的方案应该如何实施。学生同时将自己的设计成果图片和演示视频上传到课程平台，可供后续学习交流以及教师进一步整理优秀成果数据库。

线下教学实施：学生在线下进行设计实践，运用课程所授方法针对问题提出解决方案，评估过程是针对如果构思过程产生了很多想法与方案，那么学生可以进行自我评估筛选方案，这是一个反复迭代，不断测试和更新的过程，经过多轮淘汰后保留最终的方案，教师在线上和线下同步展开指导。学生通过设计实践贯彻了课程思政的教育内容，即积极响应国家的乡村文化振兴战略，以设计创意和文创策略将新农资源转化为文创产品，有助于巩固脱贫成果、提升农业品牌影响力、培养知农爱农的新型设计人才、提升新农业整体设计力。在设计完成的交付阶段，学生按照教师讲授的设计方法和标准设计流程输出既定的成果，学生在线下课堂对自己解决问题的过程与结果进行面对面的口头发表，交流设计心得与体会，教师答疑、指导、讨论和点评。

（三）探索产教融合模式，拓展第二课堂实践

就设计学科和课程的特点而言，仅靠课堂教学培养学生远远不够。把课堂作为教学主阵地的同时，大力推进产教融合，协同企业优势资源纳入教学体系，适时加入线上线下展览、参观导学、企业实践等多元化教学形式，打造开放、持续更新的教学资源结合体，推动课堂教学向课外教学延伸，持续拓展课程边界和教学时空，构建各要素协同联动的设计教育共同体，以形成多种育人资源合力的教育格局。将企业专家"请进来"，让校内师生"走出去"，校企协同指导学生在真实的企业环境中完成项目设计，由具有丰富教学经验的专任教师和具有丰富实战经验的企业专家共同承担实践教学环节。专任教师掌控教学全过程，企业专家则充分发挥设计实现能力。实践课题的考核评价采用双轨制，由专任教师与企业专家共同评价，专任教师从设计方案的构思与创意、设计成果的制作与表达效果等方面考评，企业专家尤其注重从设计方案与市场需求、职业标准的对接方面考评，由此形成科学全面的评价体系，表3-1是双轨评价标准分项细则。

表3-1 双轨评价标准分项细则

专任教师评价标准		
序号	得分观测点	所占比例
1	理解分析准确，设计定位合理	20%
2	设计草图透视准确，形体比例协调	20%
3	三维关系把控得当，建模曲面质量高，材质渲染表达真实	20%
4	版面表达清晰，说明逻辑性强	20%
5	作品口头发表	20%
企业教师评价标准		
序号	得分观测点	所占比例
1	有创新价值，突出技术与艺术的结合	20%
2	造型设计适度，风格特色突出	20%
3	功能结构合理，人机工程安全	20%
4	具有合理可控的制造成本	20%
5	有实现可能，现有技术能将其转化成实际产品	20%

教师结合课程内容主题，组织服务型学习活动，在校外开辟丰富的第二课堂实践平台，将实践环节作为德育渗透的重要阵地。如教师联合上铁文广公司和上海铁路博物馆开展"红色党建、文创铁博"暑期欢乐活动，学生作为志愿者全程参与到红色文化教育活动中，学生自主创新设计的多款高铁文创产品也量产售卖，获得社会广泛好评，"长三角铁路""爱上铁"等微信公众号都进行了深入报道。当学生运用自己的专业知识和技能服务人民、回馈社会时，自然而然提升了使命感，增强了责任感，升华了设计情怀。

（四）改革学习效果评价，实施过程分项考核

将学习效果评价与线上线下各类教学活动有机融合，建立全过程评价体系，对标课程目标，科学设置知识、能力和思政层面的评价观测点，达到以评促学、以评促教的目的，全面提升学习效果，如表3-2所示主要包括：

知识掌握（20%）：主要以学生的视频观看时长、在线自测习题得分、在线讨论发帖次数、拓展内容学习情况等各分项来评定成绩。

能力培养（30%）：主要以学生与教师互动交流以及完成设计实践课题的成果质量等各分项来评定成绩。

思政育人（10%）：主要以学生课前参观导学认知、课后第二课堂实践、心得体会总结等各分项来评定成绩。

综合实践（40%）：主要以学生期末综合性的设计实践完成质量来评定成绩。

表3-2 分项考核比例表

评价观测点	知识掌握20%				能力培养30%		思政育人10%		综合实践40%
教学活动	线上				线上+线下		线下	线上	线下
分项内容	观看视频	自测习题	在线讨论	拓展学习	课堂互动	设计实践	参观导学	第二课堂	体会总结	期末设计实践
分数占比%	10	4	4	2	10	20	2	4	4	40
合计	100									

四、改革创新效果

学生的专业自信心明显增强，设计素养和内涵不断提升。调查结果显示，学生对教师的教学能力、敬业精神、教学内容满意度很高，大多数学生均认为教师注重激发

学生的创新意识，学生从事本专业意愿增强。

同时，学生也取得了丰硕的成果，学生学习中的投入度和探究力明显提高，自主学习、团队协作等能力显著增强，学习获得感明显提高。近3年来，学生设计的多项实践成果荣获上海市级设计竞赛一等奖，申请多项专利，发表多篇论文，获批上海市大学生创新创业项目三十余项，考研率和录取率都有明显提升。

五、结语

设计专业课程思政教学不仅要遵循高等教育教学的普遍规律，更要彰显设计专业的学科和专业特色，充分挖掘丰富的艺术作品资源、中国传统文化元素，融合艺术设计教育、人文素质教育与思想政治教育的共通之处，协同育人。世界经济、社会、科技、文化的加速变革给设计专业教学带来了新的机遇和挑战，深刻改变了现有的教学方式、思维模式和教学组织形式。高校教师应该勇担教学改革的历史重任，让更多学生在学习中成长、享受乐趣并受益终身。

参考文献

[1] 教育部办公厅. 2019年教育信息化和网络安全工作要点. 教技〔2019〕2号. 2019-02-27.

[2] 黄志刚, 钟春玲. 构建政产学研协同育人模式 推进地方院校一流本科教育[J]. 教育与考试, 2016, （02）：74-79.

[3] 王洪才, 刘隽颖, 解德渤. 大学创新教学：理念、特征与误区[J]. 中国大学教学, 2016, （02）：19-23, 47.

[4] 虞紫英, 刘建铅, 苏海林. 基于"两性一度"的混合式课程PBL教学模式研究[J]. 设计, 2020（11）：113-115.

[5] 葛菲. "双钻模型"下设计类混合式教学模式探索与实践[J]. 教育教学论坛, 2020（11）：194-196.

[6] 周颖, 田惠怡, 孙林. 《互联网产品用户体验》混合式教学设计与实践[J]. 设计, 2020（07）：133-135.

[7] 冯赫. 混合式教学模式在《数字绘画实训》课程中的应用研究[J]. 设计, 2020（05）：112-113.

[8] 秦晓亚. 线上线下混合式教学模式在《景观设计》课程中的应用[J]. 设计, 2020（08）：110-112.

[9] 邱燕芳. 产品造型设计课程多元化教学模式的研究[J]. 美术教育究, 2015（07）：100-101.

[10] 易晓湘. 设计专业实践课程分组教学的思考[J]. 中国现代教育装备, 2014（17）：79-81.

[11] 林卓. 呼之欲出的美育公共课——评《大学美术》[J]. 美育学刊, 2021, 12（03）：127.

第四章
高校艺术通识课程的审美素养探析

郑家义　上海电机学院设计与艺术学院

通识课程作为高校人才培养课程中的一环，越发受到教育者的重视，除了综合研究类高校已有的通识教育中心，应用技术类高校在人才培养上也提高了通识教育课程的比重，这是新时代高等教育育人趋势的重要转变。复旦大学在《关于进一步提高本科人才培养质量的若干意见》中明确指出，将通识教育理念贯穿人才培养的全过程，让学生形成健全的人格，具备可持续发展的能力。

艺术通识教育模块是通识教育体系中的重要内容。艺术通识教育的重点不是拓展学生掌握的艺术学科知识的深度，而是拓展学生艺术基础知识的广度，其重点在培养学生的审美素养上。文章讨论的重点是艺术通识教育区别于专业的艺术教育。当前，高校的专业艺术教育培养模式较为成熟，其教育理念、教学体系、教学方法、教学手段等已经形成一定模式，这对艺术通识教育有很好的借鉴意义。但若要制订真正适合艺术通识教育的教学模式，有关人员不能照搬专业艺术教育的模式，还需要制订符合艺术通识教育规律的教学模式。关于艺术通识教育如何开展，近年来在学术界已经有很多讨论，有关学者达成了一些共识，对高校艺术通识教育的开展具有积极意义。笔者结合工作教学实际，探讨高校艺术通识教育中的审美素养教育。

一、艺术教育

艺术教育历来受到国家和社会的重视，古代社会，艺术教育主要通过国家、学校和家庭三大层面开展，取得了良好的效果。进入现代以来，在现代化进程中，艺术资源的丰富性及其传播方式、呈现方式等都有很大改变，这有效促进了现代艺术教育的开展。当下，有关部门对艺术教育、美育十分重视，艺术教育迎来了全新的开始，特别是在高等艺术教育领域，有关部门明确指出"全面加强和改进美育是高等教育当前和今后一个时期的重要任务"。

从学科门类划分看，艺术教育的涵盖面较广、形式多样，文章不再一一赘述。从教学角度看，其教学理念、教学方法、教学手段等有较强的相似性，主要体现在以下两个方面：一是艺术教育中的技法或技巧的训练与创作。如美术学习中的笔法、指法、皴法、线条、造型、色彩搭配等的训练，这些技巧训练在艺术专业学习中会占据大量时间，需要教育者与学习者反复演示、训练、磨合，才能达到一定高度。二是对艺术知识的学习，包括艺术史、艺术理论、艺术批评、艺术鉴赏、审美体验等。对艺术知识的学习主要围绕艺术专业素养展开，重点在于让学生掌握、理解艺术知识的一般性、常识性、理论性、美学性、系统性等知识架构，促进其艺术专业学习向更深层次迈进。从艺术教育专业的角度看，上述两个方面的艺术学习已经营造出一个个艺术场域，这些艺术场域构建了艺术教育重要的审美情境。

二、艺术通识教育

在高等教育普及的今天，艺术教育不能仅局限于专业艺术教育，而应积极向艺术通识教育拓展，满足当下大学生的审美需求。

随着生活水平的提高，人们对美好生活的追求更加强烈。人们在物质需求逐渐得到满足的同时，对于自身精神生活的追求也越来越高。在精神追求层面上，审美素养是重要的方面。对学生审美素养的培养需要从学校教育抓起，面向大学生的艺术通识教育是一个很好的培养学生审美素养的平台。高校艺术通识课程设置主要集中在艺术的欣赏与实践上，如美术教育中的国画技法、油画技法、古典艺术赏析、当代艺术鉴赏、艺术美学、艺术与科技等。这些课程的共同目标是通过审美教育增强学生的鉴赏能力与审美能力，各种知识交汇融通的能力以及综合创造与表达的能力，同时让学生了解古今中外优秀的艺术作品，受到人类文明真、善、美理念的熏陶等。

2019年，《关于切实加强新时代高等学校美育工作的意见》指出，高校要根据不同的专业人才培养特点和专业能力素质要求，结合自身的优势与跨学科特点，针对学生美育的需要，探索构建以审美、人文素养培养为核心，以创新能力培育为重点，以中华优秀传统文化传承发展和艺术经典教育为主要内容的公共艺术课程体系。这里重点提到艺术通识教育中审美和人文素养的核心地位，明确了审美是贯穿艺术通识教育全程的。

三、专业艺术教育与艺术通识审美教育

哲学家克罗齐曾指出"艺术即直觉，直觉即表现"。他强调艺术的直觉，从直觉追求美。艺术教育不能等同于哲学、自然科学及社会科学的教育，其有自身的独特性；艺术教育更需要受教育者获得直觉的感受、互动的体验，积累经验、投入过程、

融入情感，具备开放思维，进行艺术交流等，它比较强调情感的投入和心灵的交流。艺术通识教育也是如此。

基于专业艺术教育的培养目标，专业艺术教育课程设置多集中在专业课程、专业基础课程和专业公共课程三个方面，其中专业课程所占比重较大，多集中在技法性的训练上，如笔法训练、结构训练、色彩训练、构图训练等，这些课程的技法训练几乎与学生的专业学习相伴而行。由于技法课程所占比重较大，其常被视为一种"技能教育"。专业基础课和专业公共课程多倾向于让学生学习基础性、概念性、理论性、美学性的知识，是专业艺术学习的基础性课程，主要围绕学生专业课的学习目标设置，和专业课互为补充，旨在培养专业性、综合性艺术人才。专业艺术教育重在提升学生的综合素养，培养文化底蕴深厚、素质全面、基础扎实的艺术人才。相较于专业艺术教育，艺术通识教育的重点在于培养学生的审美素养。审美教育相较于知识教育和技能教育而言难以量化，重视对学生感性能力的培养，增强学生的审美感觉与知觉是课程的重要目标。在以往的课程教学中，艺术通识教育偏重于讲授理性的知识和技能，彰显了教育的科学性，课程组织严谨，但难以显现艺术教育的特质。高校艺术通识教育面向不同专业的学生，在知识和技能教学方面不宜占用较多时间。如何在提升学生审美素养的目标下创新艺术通识教育课程，是需要重视的问题。

四、知识积累与艺术审美

艺术无国界，要想真正欣赏艺术作品还需要具备一定的艺术知识储备。人们在面对比较陌生的艺术作品时，欣赏其会比较困难。就美术作品而言，类似于中国古典工笔绘画、西方文艺复兴时期的作品等写实作品，人们尚能欣赏或理解，并能从中获得一定的审美愉悦，但如果欣赏现代艺术，部分人可能难以理解。若想具备较高的审美素养以欣赏不同的艺术作品，艺术知识的积累就显得尤为重要。

从专业艺术角度看，艺术知识的积累需要较长的时间。学生需要具备实践经验与创作技巧，如绘画能力（画线条、画空间、画虚实、画色彩等）、创作雕塑的雕和塑的能力等。艺术专业的学生有大量的时间和条件可以深入学习艺术知识，获得审美体验，对艺术的认识、美的认识较为深刻。非艺术专业学生的艺术知识储备会影响其欣赏美术作品的效果，没有或只有少量的艺术知识积累势必会影响他们的审美体验。从艺术通识课程的角度看，如何处理好艺术知识积累和艺术审美之间的关系较为重要，其将直接影响教师的教学质量和学生的学习质量。艺术通识教育教学时间短，学生的学习时间有限，如何在有限的时间和空间内达到良好的教学效果，是教师在艺术通识课教学过程中需要考虑的重点。

在艺术通识课程中，教师需要将专业艺术教育中的专业课、基础课、公共课等相融合，针对不同的学生群体构建教与学的体系架构，真正做到教学相长、因材施教。在美术教学中，教师可以通过讲解、演示、互动、实践等手段，将纷繁多样的美术作品的理论架构、欣赏表达等呈现给学生，帮助学生积累知识，引导学生深入探索美。仅在课堂上积累艺术知识、开展艺术欣赏是远远不够的，艺术的特性决定了其和社会生活有着密切的关系，教师需要引导学生从日常生活中探索美术之美，以理解艺术形象的丰富性和鲜活性。因此，将课堂美育引向课堂之外是非常有必要的。学生可以通过欣赏现代雕塑作品、美术作品、书法作品、日常穿衣的色彩搭配、生活用品的造型色彩、古代建筑与现代建筑的造型等积累艺术知识、提高审美能力。课内课外的联动、艺术与生活的互动，可以让学生避免对美术的学习只是简单堆砌知识、欣赏枯燥的图片，以致艺术审美难以落地。

当然，审美教育也需要教师了解学生的基本审美状况，做到因材施教。就笔者所在的学校而言，理工科学生占大多数，部分学生的审美素养还有待提高。根据贺雯的调查研究，我国大学生的审美情感总平均得分低于大学生人际情感平均得分与生活情感平均得分。换言之，我国大学生的审美情感虽处于积极状态，但水平偏低，其中的人文美感均值最低。因此，在实际教学中，教师可以借助现有的研究方法和理念了解学生实际的审美状况，有针对性地培养学生的审美素养。

在艺术教育中，提高学生的审美素养是一项重要任务。审美是人对美的感觉能力和知觉能力，感觉能力和知觉能力是较容易培养的，但艺术中的感觉和知觉往往容易被人忽略。在以往的教学中，部分学生比较重视学习理性的知识，一些教师往往会忽视培养学生的感觉与知觉，而对美的感觉与知觉需要学生体验并慢慢养成。正如顾平所言，艺术感知力是艺术教育中的审美，艺术感知力是一种处于纯天然状态的行为，是一种大爱无疆的胸怀。

参考文献

[1] 复旦大学通识教育中心官网通识. 教育的目标与理念[EB/OL].（2021-04-24）[2021-04-15]. http：//gecc.fudan.edu.cn/content.aspx?info_lb=172&flag=172.

[2] 中华人民共和国教育部. 教育部关于切实加强新时代高等学校美育工作的意见[EB/OL].（2019-04-02）[2021-04-15]. http://www.meo.gov.cn/srcsite/A17/

meo_794/meo_624-201904/t20190411_377523.html.

[3] 胡远远. 基于审美感知能力培养的新时代大学美育探索[J]. 美育学刊, 2020, 11（6）：20-26.

[4] 中华人民共和国教育部. 教育部关于切实加强新时代高等学校美育工作的意见[EB/OL].（2019-04-02）[2021-04-15]. http://www.meo.gov.cn/srcsite/A17/meo_794/meo_624-201904/t20190411_377523.html.

[5] 贺雯, 卢家楣, 王怀勇, 等. 中国当代大学生审美情感现状调查研究[J]. 心理科学, 2016, 39（6）：1318-1325.

[6] 顾平."艺术感知觉"——被忽略的艺术教育"硬核"[N]. 中国美术报, 2019-12-23（13）.

第五章
思政育人理念在设计类课程混合式教学中的应用

张　婷　卢国英　上海电机学院设计与艺术学院

混合式教学是在互联网背景下产生的一种新型教学模式，可以将知识性的内容移至线上，将实践性的内容放在线下进行，这为深化设计类课程的教学改革提供了契机。近年来，将思政教育融入专业课程日益成为趋势，面对大量实施的线上教学和混合式教学，如何将思政教育融入设计类课程教学亟待教育工作者思考和探索。

一、混合式教学概述

混合式教学是指在适当的时间，通过应用适当的媒体技术，提供与适当的学习环境相契合的资源和活动，让不同的学生形成适当的能力，从而取得最优化的教学效果的教学方式。最早是以慕课（Massive Open Online Course，大规模网络开放课程，简称MOOC）的形式，于2013年大规模引入中国高校。2015年教育部发布《关于加强高等学校在线开放课程建设应用与管理的意见》，慕课被赋予了提高教学质量的要求，形成爱课程、超星、智慧树、学堂在线等多个网络教学平台。线上线下混合式教学形式摒弃了传统课堂教学教师单向传授"满堂灌"的弊端，将可以重复复制的知识性内容放到网络平台，学生可以利用碎片化时间，结合实际情况进行个性化的自主学习。教师将课堂时间主要用于知识的梳理和深入讨论，有助于激发学生的批判性思维。

二、思政育人理念在设计类课程混合式教学中的应用意义

对于设计类课程来说，理论结合实践是最常见的形式，线上线下相结合的混合式教学模式有助于解决过去课程教学中的一些问题。例如打破课堂时间和知识点完整性上的限制，能够就具体设计案例展开深入探讨，有利于学生作业的辅导，以及项目制教学的实施。

不同于传统思政课程，专业课程的思政教育更多体现在"润物细无声"的隐性育人过程中。大学生对思想政治课学习积极性、主动性不高，究其原因，主要是思想政治理论课单纯强调其政治功能，不能与所学专业紧密结合。长期以来，各门学科的思

想价值不能得到充分挖掘,在教育理念和实践上不能很好地将知识传授与价值引领统一起来。将思政教育理念应用于设计类课程混合式教学当中,可以让学生将思想政治教育中的道理与实际设计经验、工作经验相融通,将道德规范认知内化于人的经验思维中,从而满足社会的需求。

三、思政育人理念在设计类课程混合式教学中的应用思路

布鲁姆教育目标理论将教育目标分为知识维度和认知过程维度,共六个层次:记忆、理解、应用、分析、评价和创造。布鲁姆认为,只要给予足够的时间和适当的教学,几乎所有的学生对所有的内容都可以达到掌握的程度。浙江大学从1995年年底开始探索KAQ教育模式,即知识(Knowledge)、能力(Ability)、素质(Quality)并重模式,该模式强调从知识、能力、素质三方面培养学生。知识包含理论的书本知识和实践的经验知识两个方面;能力指学习、应用和创造知识去适应和改造环境的能力;素质是一种充分表现个人思维方式和行为修养的内在品质。在此基础上,21世纪初,同济大学提出了素质教育的KAP模式,即大学教育应该塑造学生知识、能力与人格(Personality)的三者统一。无论是素质还是人格的提法,所关注的都是学生的全面发展,让其成为适应新世纪现代化建设的有用之才。

基于布鲁姆教育目标理论和知识、能力、素质KAQ教育模式理论,通过文献综述、专家访谈、问卷调查和案例研究的方法,结合"版面设计""视觉传达""产品系统设计"的课程实践,提出思政育人理念在设计类混合式教学中的应用思路。将教育目标分为知识维度和认知过程维度,线上学习和线下的部分课堂教学内容主要帮助学生建立课程知识体系,线下的部分课堂互动和课程设计共同培养学生的综合实践能力。

应用思路基本结构为"三横二纵":"三横"包括线上学习、线下课堂互动和课程设计。线上学习包括观看视频/App、学习补充资料、完成单元测验和参与在线讨论;线下课堂互动包括内容梳理、案例讨论、课堂测验、作业布置、作业讨论和作业辅导。二者构成混合式教学的基本模式,对于设计类课程来说,依托于项目实践的课程设计教学也非常重要,包括背景调研、概念设计、方案遴选、深入设计、原型制作和作品汇报,这块内容主要通过线下进行。"二纵"包括显性育人和隐性育人,前者体现专业线,后者体现思政线,两线并行,将课程培养目标中的知识、能力、人格的教育加以贯彻。在线上学习阶段,包括思政主题融入案例和讨论;在线下课堂互动阶段,包括育人理念引导、案例深入讨论、专业思维训练和思政作业选题;在项目实践

阶段，包括培养社会责任感、培养团队合作精神、培养创新意识、培养动手能力、培养可持续发展能力等。

四、思政育人理念在设计类课程混合式教学中的应用实践

（一）思政育人理念在教学目标和教学设计中的应用

确立以学生为中心、产出为导向、持续改进的教学理念，将思政育人理念融入教学目标和教学设计，体现高阶性、创新性和挑战度。例如"版面设计"课程基于KAQ模式，将课程教学目标分为"知识、能力、素质、成长"四个层次：知识层面要求掌握版面设计的基础知识，主要通过线上学习，线下展开知识点梳理、提问和讨论；能力层面要求掌握版面设计的形式美法则和排版技能，主要通过线下课堂讨论和作业辅导；素质层面培养设计师严谨理性的专业素养、职业道德修养，主要通过线下课堂讨论和项目实践；成长层面培养终身受益的良好习惯，主要通过项目实践过程中的思维训练和习惯养成。课程目标将专业知识、专业能力和个人素养有机融合，结合线上线下混合式学习过程中不断融入的隐性思政教育，培养学生解决复杂问题的综合能力和高阶思维。

（二）思政育人理念在线上教学内容中的应用

根据混合式教学特点对课程教学内容进行梳理和深化，线上教学部分主要是知识维度的教学内容设计，对应布鲁姆教育目标的记忆和理解。线上教学融入思政育人理念主要通过典型案例和线上专题讨论，除了补充时政热点、公益主题、传统文化等方面的设计作品分析和讨论，还贴合学生生活学习内容精心设计案例，做到隐性育人、潜移默化。例如，"版面设计"课程将《辛德勒的名单》电影片段作为有彩色和无彩色章节的学习资料，使学生深刻领会专业知识的同时培养学生的共情能力。一堂课的长度不再是45分钟，而是被切割为更小的单元，原课程的一讲内容被分割为3~5个知识点，每个知识点的视频时长在5~15分钟，按照知识点重新编辑PPT课件、拍摄微课视频，上传网络教学平台供学生学习。例如"视觉传达"课程原为16讲教学内容，经梳理后形成26个知识点。结合网上教学资源选择教育寓意丰富的内容作为线上学习补充资料，包括PPT课件、视频公开课、参考教材、学习笔记等。设置每单元的线上测验和专题讨论，及时掌握学生线上学习情况，反映出的问题也能在线下课堂教学中有针对性地解决。

（三）思政育人理念在线下课堂互动中的应用

线下教学部分主要是认知过程维度的教学内容设计，在课堂上可以围绕重难点部分展开更深层次的学习和讨论，对应布鲁姆教育目标的应用、分析和评价，而创造则主要体现在围绕特定主题的项目制教学中。线下教学融入思政育人理念主要是通过育人理念引导、案例深入探讨、专业思维训练，以及将思政内容融入作业来实现。课堂上不再采用"填鸭式"教学，而是对重难点部分展开深层次学习，鼓励学生思考、讨论和发言。例如"版面设计"课程第一讲"版面设计概述"的线下授课围绕线上举例的全国大学生广告大赛因抄袭而取消获奖资格的案例展开深入讨论，通过对具体案例的分析引起学生的警醒，通过组织课堂讨论，厘清设计中借鉴和抄袭的区别，从而引出"做原创的中国设计，做负责任的中国设计师"这一思政主题。这样不仅能够引起学生的共鸣，还有助于培养学生的批判性思维和表达能力。

（四）思政育人理念在项目实践中的应用

线下项目实践对应布鲁姆教育目标的创造，思政育人主要通过思政主题融入作业，以及学生分组完成作业过程中潜移默化的培养。在项目制教学中，通过引入真实用户，开展社会调研等方式，培养学生的综合能力。例如"产品系统设计"课程邀请老年用户加入学生团队，根据不同的设计选题，在超市、公园、医院等地点展开社会调研，围绕关键问题点展开创意设计，并邀请老年用户给予评价和反馈。在此过程中，学生学会用不同的视角看待特殊用户，也能看到自己的设计给特殊群体带来的改变，由此产生了通过设计改变社会的美好愿景，提升了社会责任感。同时通过项目制教学，学生之间培养了默契的团队合作精神，通过不同阶段的实物模型制作，加强了实践动手能力。

五、结语

通过"三横二纵"应用思路，将思政育人理念系统融入设计类课程混合式教学，依托信息技术革新带来教学手段的创新，响应新形势下混合式教学的实际需要，贴合设计类课程线上知识维度学习和线下认知过程学习的特点，结合项目制教学特色，将知识、能力、素质全面发展的人才培养目标落到实处，从而为培养新形势下的设计专业人才提供一种新的思路。

参考文献

[1] 李逢庆. 混合式教学的理论基础与教学设计[J]. 现代教育技术，2016，26（09）：18-24.

[2] 杨文圣. 高校思想政治理论课贴近学生专业教学探析[J]. 河北师范大学学报（教育科学版），2013（12）：55-57.

[3] 夏敏燕. 思想政治教育在专业教学中的改革实践——以《产品改良设计》专业课程教学为例[J]. 工业设计，2018（10）：123-124.

[4] 郑建. 浅谈布鲁姆掌握学习理论[J]. 外国教育研究，1990（1）：27-30.

[5] 潘云鹤. KAQ模式与研究生教育[J]. 学位与研究生教育，1997（02）：5-7.

[6] 齐爱兰. 大学生知识、能力与人格和谐发展研究[J]. 中国农业大学学报（社会科学版），2000（04）：82-87.

第六章
疫情防控常态化下设计类产教融合课程建设研究

周志勇　杨晓扬　上海电机学院设计与艺术学院

产教融合是学校和企业联合进行人才培养的一种教学机制，通过实习课程使在校生参与到企业的生产任务中，将产业的需求和教学的目的紧密相连，构建产教融合的新型育人模式，实现企业、行业与学校的共赢。而新冠疫情的爆发，使得产教融合人才培养模式受到了很大影响，逐渐在教学方式、教学空间等各个方面暴露出弊端，导致教学效果大不如前。虽然疫情已得到了有效控制，但是疫情防控仍然需要认真对待，在此情况下，传统的线下教学模式已然不再适用，在不得不采用线上线下教学模式相结合的方式时，探索疫情防控下的产教融合培养新模式已成为当务之急。

本文基于疫情防控常态化下的教育教学背景，结合后疫情时代具体需求，在产教融合人才培养的趋势下，针对新形势产生的新问题，依托我校大学生创新创业平台和校外工业设计中心，探索出设计艺术类实践课程教学的新模式，实现学校、企业间的有效交流互动，提高产教融合的深度，提升设计艺术类人才培养质量，帮助学生稳定发展。

一、疫情下产教融合人才培养

（一）产教融合人才培养

产教融合是学校为提高人才培养质量而与企业开展的合作，将企业的实际需求与学校的教学目的紧密结合，实现"校企一体、产教结合"的培养方式，在当前职业学校的培养思路方面开辟了新的方向。在企业与学校的交流过程中，传统教学结构发生了改变，学校将企业的技术需求渗透到教学过程中，由此学生可以提前接触和学习相关基础技术知识，帮助其规划未来发展。"融合"反映出的是企业和学校合为一体的关系，从人才培养角度看，企业与学校的培养目标是一致的，而且企业也不再是配合和支持的地位。产教融合人才培养解决了学校单方面培养学生而与企业的需求脱节的问题，使学生得到全面发展。

产教融合动力机制是指推动产教融合各类参与主体，如行业、企业、学校、政府、社会等在产教融合的利益链、创新链、人才链、产业链等环节有效发挥作用的各类活动机制。如今，疫情给产教融合带来冲击，更多企业以自身发展为首要目标来进行自保，对学校学生的培养积极性有所减弱；更多学生由于不能直接参与实践，只注重理论上的学习，从而忽略了实践的必要性，由此可见，疫情下更应该强化产教融合的动力机制。在产教融合、协同育人的过程中，必须考虑到企业与学校内在需求的不同，通过采用不同的方法有效满足二者要求，整合各方资源，产生相互促进的协同力，形成一个强大的组合体。若只依靠外力来驱动企业的积极性则远远不够，应当树立科学的协同育人观念，以大局为重，淡化自身利益，构建产教融合命运共同体的协同发展和利益共享机制。在产品创新设计方面，针对设计艺术类实践课程教学中出现的新问题，利用产教融合，使得企业与学校建立共享体系，优势得到互补。在企业为高校提供教学资源的同时，也增加学生与企业的接触机会、提升企业教师课堂教学参与度，学校带领学生参与相关行业的设计，利于企业培养专一性人才，提升企业相关生产力。因此，在研究新形势下的设计艺术类实践课程教学人才培养模式下，对促进项目制教学有效实施等方面已经十分必要。

（二）疫情防控常态化下的产教融合人才培养面临的问题

当前，疫情下的产教融合培养处于受阻阶段，面临着以下两个问题：

（1）企业积极性不高，学生的自律能力较差。在疫情防控常态化的当下，一方面，企业的发展受到阻碍，资金流转受阻、业务需求量整体缩水、需求剧烈变动、人力资源消极变动等问题，使得企业人员将重心放到业务上，在产教融合协同育人过程中处于被动状态，对学生培养的积极性大不如前，继而影响到学生后续的规划发展；另一方面，线上的教学直接影响了学生学习的集体约束、自我约束，学生易于形成懒散的学习态度。大部分学生在线学习时，注意力分散，难以进入学习状态。相比线下，部分线上的教学效果不是很明显，从而导致学生水平提升有限，不仅无法满足毕业的能力要求，而且与企业的用人标准存在较大差距。

（2）学生与企业导师间不能进行面对面的有效交流，使实践实习部分受到影响。在疫情防控常态化的要求下，应尽量减少人员接触，对于企业来说，学生参与的次数减少或者不能直接加入到企业的实训部分，造成实践方式单一化，使企业在教学上受到较大阻碍，原本可以当面清晰地讲解，现在可能需要花很大工夫，事倍功半。对于学生来说，在防控要求下尽量减少人员聚集，使得企业、学校的直接有效面对面交流减少，学生的现场参与度与体验感均降低，实践内容变相少量化。如果艺术创新设计类专业学生的实习部分只停留在初步了解阶段，没有进一步动手实践锻炼，没有真正参与到企业的设计、生产过程中，将造成学生对企业实习实践部分理解不深刻等问题。由此可见，传统的线下教学人才培养模式不再适用，需要结合疫情防控探索出新的培养模式。在人才培养的过程中需要注意培养方案的系统性和培养方法的实用性，尤其要注意技术应用型本科院校工业设计人才培养的特色。

在当前疫情防控的大环境下，全国各高校均面临着不同程度的教学困难和挑战。在这特殊时期，技能操作、实践等实操课程，线上教学的技术水平还不能完全做到无障碍互动、交流、辅导及监督，教学效果在一定程度上受影响。在必要时，进行线上授课时，将会用更高、更具体的要求来对教师的讲授内容、教学管理与辅导形式进行管理，以此来弥补线上教学的不足之处。因此，校企双方应当逐步完善设计艺术类"产教融合、校企合作"的模式，共同探讨就业岗位所需的专业文化知识与岗位操作技能要求，构建新型人才培养的方式，加大改革创新教育教学方法，使学生在校学习的理论知识与到企业实践实习形成完美衔接，真正实现高质量专业技能型人才培养。

二、疫情下线上线下混合产教融合课程建设新模式

新冠疫情给产教融合培养带来了教学模式改变、企业发展受阻等一系列难题，在防控要求下，学生的企业实习受到严重影响，缺少了实践与理论的结合。产教融合培养需要结合疫情防控，即疫情防控常态化下的产教融合培养模式，这种新型模式对比以往的培养模式有着以下三点区别。

（一）教学方式的改变

许多企业在疫情影响下，不得不减缓或者暂停营业，使得线下教学受到直接影响。最初提出的"停课不停学"，将教室搬到了互联网上，使得一线城市和偏远城市的学生都能通过线上获取大量的教学资源，因此在疫情初始阶段，产品创新设计类专业的教育实现了线下到线上的快速过渡。学校线下教学在受阻的同时，也打破了固有的教学方式，结合线上直播打开了不一样的教学场景，既满足了防控要求，也改变了一直以来的单一线下课堂教学模式，使学生学习方式多样化，便于学生根据自身情况来选择学习内容。

（二）信息技术在教育体系中的占比逐渐增大

产教融合在线上线下混合课程建设面临危机的同时，也存在着新的生机，抓住线上教学发展的机遇，以此来补齐短板，进一步提升教育的信息化水平，以此来驱动教育变革、教育发展的前景无限。在疫情全球蔓延的情况下，教和学领域的信息技术水

平发展主要依靠教育信息技术设施和设计教育信息化人才培养，这对学校与企业的融合极为有利。信息技术在教育体系中的占比在逐步增大，以促进教育信息技术的发展，满足设计教育未来发展方向的要求。因此，产教融合人才培养应该抓住当前信息化技术发展的机遇，利用线上教学的优势，带领其走向新的发展阶段。

（三）对学生的创新能力、适应能力更加关注

身为一名新时代的教育者，更应该注重接受新鲜事物，勇于迎接各种挑战，不断进行自我突破更新。当今，培育设计教育创新的热点是信息技术，未来教育流行语"未来已来，将至已至"，是我们对未来信息技术发展、引领设计教育新时代的憧憬。而突发的疫情，催化了未来的教育模式，从而使得传统的教育秩序被打破，产生新的教育教学模式。新模式产生过程中，教学方式、教学空间等多方面都会发生显著变化。在一定程度上看，只有敢于创新，接受新鲜事物，并尽快地适应未来设计教育的进化，才能在设计教育竞争中脱颖而出。

疫情推动着新科技的发展，设计艺术类教学也面临着机遇和挑战。而设计教育变革的根本动力是设计类人才缺乏综合性的创新能力，难以达到企业的经济要求，以及人们对高质量生活追求的要求。在新形势下，设计人才需要解决的设计问题更加复杂，需要具备更加综合性的创新能力和扩大更加专业化的领域知识，这样才有利于学生的终身发展。既然探索出了在线教学与交流、大力发展信息技术、注重培养创新能力的教学新模式，就需要将新模式与设计艺术类产教融合培养相结合，使设计类教育回归到正常状态。

三、线上线下混合设计类产教融合课程建设实施

疫情导致教育生态发生了改变，但也加快了人类新兴技术的发展。虽然面临着以上难题，但通过不断摸索，探索出了产教融合线上线下混合课程建设的特色举措。

（一）改进教学方法

（1）采用基于PBL教学法的混合式教学设计方法。实施以"问题为导向（Problem-Based Learning，PBL）"的教学法（图6-1）。此教学设计是以学生为中心来设计进行的，采用课前线上自主学习与线下教学相结合的教学模式来开展教学活动。课前教师设计问题、创设学习情境，"以问题为导向"采取小组合作学习的形式，学生的学习兴趣被激发。按照"异质分组"原则建立了合作学习小组，"以优带差"促进课前及

线上学习的有效参与度，培养学生的自主学习能力。同时，可以根据线上学习情况分析，为线下教学提供依据，实现"教"与"学"信息相通，使教学内容的设计更具针对性。

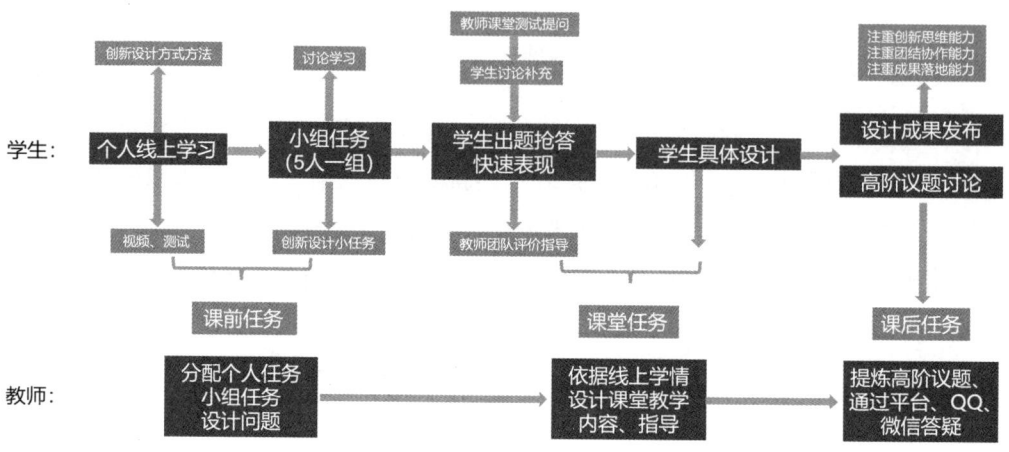

图6-1 混合式教学方法

（2）将实际企业环境引入教学中，使企业和社会资源共享，开展实践教学。采用产教融合方法进行项目创新，并且在线教学有着不受空间限制和时间灵活等特点，将企业导师、企业课题、企业设计项目管理平台引入设计教学活动中。学校应更新人才培养的观念和方法，结合社会发展的需要培养全面发展型人才。如课程校内教师团队与广为焊接设备有限公司设计团队组成校企联合课程教学团队，线上课程选用的是中国大学MOOC平台浙江大学张克俊教授团队的"设计思维与创新设计"课程。

（3）借助信息化教学工具。把课堂延伸到教室或实验室以外，使教学活动不再受时间、空间的限制，学生可以根据自己的时间自由地学习，为碎片化时间的充分利用提供机会，零碎时间的积累可能会产生巨大的效果；也可以利用平台讨论区、微信、QQ等工具，帮助学生与教师及时沟通，解决学生的疑问。如自建知识点视频资源，采用教程录制资源教学时，一方面能够激发学生的兴趣，使其积极参与到教学活动中来，这非常关键；另一方面，视频内容多样化，获取方便，有突出的重点，使教学活动更为高效，教师也可以在课堂上采用视频形式进行直观讲解，弥补传统教学中的不足。

（二）改变教学观念

教学观念对教育教学起着指导作用，而传统观念下的教学忽略了以学生为本的教育理念，束缚了学生的发展。需要结合疫情防控要求，对教学观念进行更新，将"教师"定位为"教练"。

课前,学生采用"以问题为导向"的小组合作式、探究式学习的方式。线下课堂提问、讨论、学生出题抢答、教师重难点讲解等多种教学方式融合使用,课堂气氛活跃;课后通过作业和高阶议题讨论,进一步深化和拓展教学内容。整个教学过程,教师为"教练"的角色,起着主导作用,积极创设教学情境,让学生参与到教学中,并主动积极地进行思考,使之成为课程的主体,真正做到让学生成为学习的主体,并且学会学习、学以致用,在探究中不断进步,逐步提升竞争意识和创新意识。

(三)制定多元化的教学考核制度

考试是对学生所学课程的知识与技能、能力与素质进行衡量的基本手段,是教育教学管理中的重要环节,也是对教师教学评价和学生整体水平检查的方式。在按照大纲要求明确教学目标后,将课堂中的出勤率、提问、答疑、互动等各个教学环节纳入成绩考评,合理的考核制度能够有效地对教师教学效果进行评价,把握学生学习的全过程动态,激发学生潜能,发扬学生的优点。具体的学生成绩评价细节如图6-2所示。

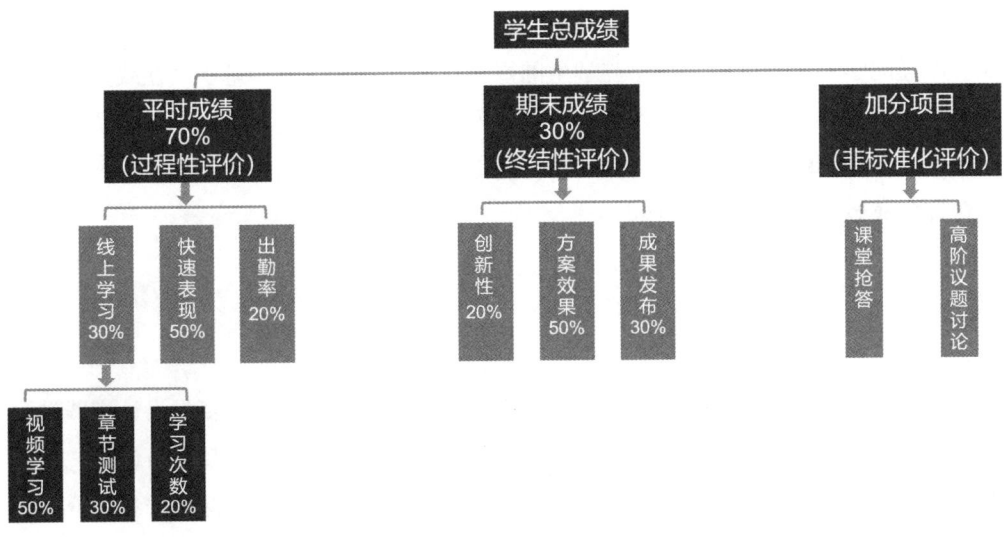

图6-2 学生成绩评定细则

(四)修订教学要件

教学大纲是规定课程教学内容,对学生成绩考核及教学质量控制的主要文件,是纲领性的内容，主要采取纲要的形式；教案是教学内容的载体，包含着课程信息、教学设计、教学实施等内容，对教案进行合理调整，可以确保顺利地完成教学。结合线上线下混合教学的需求，修订课程教学大纲、修改完善教案、教学计划等教学要件，将最新的创新思维方法、设计案例等补充到课件中、补充线下课堂案例教学课件，通过丰富教案的内容、呈现方式，集中学生的注意力，提升学生的自我约束能力。

（五）教改结果

通过以上举措，采用专业协同教学模式，坚持"以学生为中心"的理念，在自主合作的学习模式下，不仅冲淡了疫情的冲击，还对教学方式进行了深层次的思考和研究，体现了教育技术的进步。疫情让我们对教育问题的本质进行了思考，在出现了见所未见的现象和问题时，我们需要进行深度思考，不断探求现象和问题的本质。我们对设计教育进行了重新思考和定义，改变了以往我们认为的线下教育是艺术类教学中最为关键的思维。如今探索出了疫情下设计艺术类产教融合课程建设的新模式，在设计艺术类专业人才的培养上，结合企业单位的实际需求，学校加强对相关技术基础知识的讲解，为学生的实习打下良好基础，使得学校培养技术应用型人才模式与企业相衔接，进一步提升学生的创新实践能力。

在开展线上教学的试点中，生动的教学案例、企业教师扎实的行业产品设计功底、严谨的学习流程等得到了参与学生的好评，教学效果优异。基于"在线共享、开放式教学"的理念，将优质的教学资源、地方社会资源以及企业的资源进行了整合，使得学生在远程的交流能力、自主的学习能力以及自我规划和管理的能力等方面取得了良好的成效，达到了教学目的。

结论

本文基于疫情防控常态化的背景及后疫情时代需求，在产品创新类设计实践课程人才培养进行研究中，从人才培养的整体战略上探讨当前形势下产品创新设计艺术类人才培养体系的实施战略。提出的优化人才培养方案及教学方法，深化产教融合，加强了学校培养和企业需求的一致性，提高了企业导师在教学任务过程中的积极性，达到了培养高质量人才的目的。在解决企业导师与学生远程对接中的人员管理、信息沟通、项目管理、资料共享等问题后，即可建立一支具有疫情形势适应性的校企合作团队，探索出新形势下产教融合校企合作团队运营模式，为技术应用型本科院校设计艺术类实践课程教学提供样板。

参考文献

[1] 王惠琼. 基于"线上线下"相结合的大学英语混合式教学模式探究[J]. 黑龙江教师发展学院学报, 2021, 40（07）: 142-144.

[2] 冯贻都. 关于技工院校汽车维修专业"校企一体、产教融合"模式的研究[J]. 汽车维护与修理, 2020（18）: 66-67.

[3] 石伟平, 郝天聪. 从校企合作到产教融合——我国职业办学模式改革的思维转向[J]. 教育发展研究, 2019, 39（1）: 1-9.

[4] 刘建平, 宋霞, 杨植等. "产教融合、校企合作"共建高校实践教学体系. [J]. 实验室研究与探索, 2019, 38（04）: 230-232.

[5] 孙云飞, 张兄武, 付保川. 地方高校"产教融合"动力机制的构建研究[J]. 教育探索, 2021（01）: 39-43.

[6] 贺冉, 何敏. 项目制教学法在土木工程实验教学中的应用[J]. 亚太教育, 2016（03）: 92.

[7] 范凯熹. 范凯熹: 疫情无情设计有情教育场景智能引擎[J]. 设计, 2021, 34（08）: 52-59.

[8] 张贤志. 未来已来, 将至已至[J]. 教育视界, 2021（04）: 80.

[9] 吴志军. "后疫情时代"设计教育面临的最大机遇和挑战是变革[J]. 设计, 2021, 34（08）: 76-79.

[10] 陈艳. 坚持问题导向教学实践提高思政课程教学质量——以"马克思主义基本原理概论"课为例[J]. 科教文汇（上旬刊）, 2021（07）: 66-68.

[11] 王建莉, 张转辉, 张总. 基于异质分组的高等职业院校实训教学模式的探索[J]. 西部素质教育, 2020, 6（13）: 172-173.

[12] 张元岑. 小组合作以优带差——谈初中体育小组合作教学[J]. 新课程（中学）, 2017（10）: 157.

[13] 周步兵, 张菁. 指向高阶思维的议题式教学策略[J]. 中学政治教学参考, 2020（19）: 39-41.

[14] 梁军. 在"后疫情时代"寻找"中国设计"含义的思路会更清晰[J]. 设计, 2021, 34（08）: 70-75.

第七章
课程思政案例教学在艺术设计类课程中的实施与应用

朱 彦　上海电机学院设计与艺术学院

教育部于2020年6月颁布的《高等学校课程思政建设指导纲要》中指出，艺术设计类课程"要在课程教学中教育引导学生立足时代、扎根人民、深入生活，树立正确的艺术观和创作观。要坚持以美育人、以美化人，积极弘扬中华美育精神，引导学生自觉传承和弘扬中华优秀传统文化，全面提高学生的审美和人文素养，增强文化自信。"这为我国高等院校艺术设计类课程坚持立德树人的根本任务，进行课程思政教育教学实践指明了方向。

"案例教学法是教师根据教学目标和内容的需要，通过设置一个具体的教学案例，引导学生参与分析、讨论、表达等活动，让学生在具体的问题情境中积极思考、主动探索，以培养学生综合能力的一种教学方法。"当下，高校艺术设计专业教师为了提高课程思政教学的互动与有效性，纷纷在教育实践中采用案例教学法。艺术设计专业有其特有的学科规律和教学方法，学生的个性特征与思维方式也有着与工科生极为不同的鲜明特点，如何设计有特色的案例教学方案是亟待深入思考与研究的课题，这对促进高校艺术设计专业课程思政教学方法的改革实践，增强教学中的目标性和长效性都有着极其重要的意义。

一、课程思政案例设计的原则

艺术设计类课程在教学中重视引导学生掌握正确的设计理念和思维方法，培养学生良好的设计意识与设计能力，帮助学生建构知识体系与塑造美好德行。根据《高等学校课程思政建设指导纲要》的核心精神，课程思政案例设计需要聚焦教学过程中的知识传授、能力培养与价值引领，注重通过案例引导学生对生命意义的思考、对社会责任的审视和对职业道德的认同，树立其正确的价值观，使其能知行合一，并最终获得成功的体验。

二、课程思政案例教学的实施与运用

（一）融入社会热点议题，激发学生社会责任感

设计专业的学生思维发散，有较强的个性，乐于表达自己的想法，教师需要了解设计专业学生的兴趣点在哪里，引导他们关心国家大事和社会发展，对社会时事做出自己的判断并给出解决方案，改变传统的学生被动学习模式，让学生做教学过程的主动参与者。如在讲授产品设计理论

图7-1　生活服务机器人

时，教师选择社会老龄化议题作为案例，引导学生展开研究。人口老龄化是全球面临的严峻问题，如何提高老年人的生活质量、设计人性化的产品供老年人使用，是一个有社会责任感的设计师所必须思考的。教师首先从道德和价值层面为学生深刻阐述为老年人设计的重要性，使他们认识到这是社会对弱势群体人文关怀的重要体现，增强他们的责任感和使命感，调动他们做设计的积极能动性，然后讲解相关的理论基础和方法应用，并运用情景教学法让学生换位思考，去身临其境体会老年人在日常生活中所面临的诸多困难，从而挖掘出真正有用的需求点为老年人设计产品。如图7-1所示是为老年人所设计的生活服务机器人。

（二）开展服务学习实践，引导学生知行统合

教师结合设计类课程的具体教学内容，开展"服务性学习"；在校内外开辟多种多样的实践活动形式，将实践环节作为德育渗透的重要阵地。当学生运用自己的专业知识和技能服务社会时，自然而然便提升了他们的使命感和责任感，使他们在锻炼才干、服务社会中统合知行，锻炼意志、涵养品德。

教师组织学生踊跃参加志愿者活动，充分运用课程中的经典章节和学生的优秀设计成果，在闵行区多所小学、幼儿园开展了形式多样的第二课堂教学实践。如教师带领学生共同为闵行区启音幼儿园的幼师授课，进行艺术形式感培训辅导。如图7-2所示，由教师首先为幼师们进行相关艺术设计理论的讲授，然后在学生助教的辅助下以"纽扣贴画"为训练载体，结合幼儿园的主题活动进行了生动有趣的互动教学，取得了较好反响。教师和学生充分利用自己的专业知识与技能，帮助幼师提升了艺术感，掌握了实际的操作技能。如图7-3所示为幼师在我校（上海电机学院）设计学院师生指导下制作艺术作品。通过培训后，幼师们就可以辅导幼儿园小朋友动手制作生动有

图7-2 教师为幼师授课　　　　　　图7-3 幼师制作艺术作品

趣的手工艺术小作品了。通过这样的实践教学，学生不仅对于自己所学的课程内容有了更深刻的理解，还提高了自己的表达能力、沟通能力和交际能力；同时，能利用自己所学帮助他人，让学生们非常有成就感，更加意识到认真学习专业知识技能的重要性，这无疑要比教师单纯的口头说教更生动、更有说服力。又如，教师带领学生参与上海电机学院设计与艺术学院和闵行区马桥文来外国语小学的院校共建活动，一起为小学生们提供美术创作设计、手工制作等方面的课程辅导，并在特定主题日时指导小学生创作情景主题作品，极大地激发了他们对于艺术和设计的兴趣。

众多的服务性学习实践平台让学生在实践中锻炼才干，在服务社会中提升思想道德水平，使学生能够与人沟通，学会感恩，学会助人，学会理解，学会自省。

（三）引入可持续设计方法，塑造学生价值观

艺术设计专业有其一定的特殊性，在国外甚至被称为"富人的专业"。因为相较于其他专业，学生在日常学习中需要投入更多的费用去购买美术用品、手工工具等耗材，学习成本较高。报考艺术设计专业的学生家境普遍较好，很多学生有较强的优越感和较奢侈的消费观，缺少勤俭节约的好习惯。可持续设计的核心思想是要求人和环境和谐发展，设计既能满足当代人需要又兼顾保障子孙后代永续发展需要的产品、服务和系统；它考虑人的基本需要和产品的基本功能，解决可循环能源和材料问题，注重对于废弃材料的再利用和设计。因此，教师在课程教学中，巧妙引入可持续设计方法，通过设计实战训练，教会学生在行动上不浪费粮食、节约用水用电、合理使用纸张；在思想上杜绝攀比心理，不铺张浪费。如图7-4所示为学生利用废弃瓦楞纸包装箱设计制作的坐具。这样接地气的设计实战演练，提高了学生的设计技能，又给他们传递了社会主义的核心价值观。对个人而言，勤俭是应当弘扬的美德；对家庭而言，勤俭是幸福生活的基础；对国家而言，勤俭是发展的动力。在全民都努力奔向"中国梦"之时，勤俭不只是一种思想观念，而是每一个公民所应承担的责任。教师布置设

图7-4 瓦楞纸坐具设计

计课题作业，让学生通过设计创作来反映思政课的内容，强化学生对思政课内容的理解和认识，事实证明，这样的教学方式收到了很好的教学效果。

三、总结

本文对于我校艺术设计类课程如何做好课程思政案例教学进行了初步探讨。实践证明，案例教学是一种非常有效的教学方法，将它引入艺术设计类课程的理论讲授课堂，可以弥补传统教学的不足，拓展课程思政教育教学的组织形式，提高教学成效。在接下来的教学改革和实践中将会围绕如何深化课程思政教学内容，进一步拓展设计实践活动和继续价值引领作用，进行更深入的思考与探讨；同时，在学校和学院相关政策的支持下，加强协同育人，将专业教师、思政教师和专职辅导员凝聚成"全员育人共同体"，以导师团队的形式服务学生，实现各岗位教师职能互补与优势叠加，真正做到育人和教学的有机统一。

参考文献

[1] 教育部. 高等学校课程思政建设指导纲要[A/OL].（2020-06-01）[2021-11-25]. http://www.moe.gov.cn/srcsite/A08/s7056/202006/t20200603_462437.html.

[2] 郑金洲. 案例教学：教师专业发展的新途径[J]. 教育理论与实践，2002（07）：36-41.

[3] 侯旻翡. 美术院校思政教育实践探索与理论探讨——以广州美术学院为例[J]. 美术教育研究，2013（15）：114-116.

第八章
"产品设计"课程思政建设探究

刘 成　汤学华　王诗傲　上海电机学院设计与艺术学院

一、引言

"产品设计"课程是艺术设计学产品设计专业的核心课程之一，在国家提倡进行"课程思政"建设的大背景下，"产品设计"课程思政建设也如火如荼地进行。虽然"课程思政"普及度有了很大提升，但是也产生了一些问题。一是"课程思政"与教学内容没有主次设计；二是"课程思政"教学内容与产品设计教学内容之间关联性不大。

"产品设计"课程，是一门介绍设计原则以及进行设计实践的课程，所以在产品设计课程教学中，其教学内容的可塑性非常强，因此，产品设计"课程思政"的内容经过良好的设计，就能较好地达到思想政治育人的目的。

本文通过分析产品设计专业学生对于思想政治课程建设过程中的反馈，总结出产品设计专业学生易于接受的教学方式与授课内容组织模式，并通过这种模式重新设计和组织了新的课程内容进行教学实践，以此来达到"课程思政"育人的目的。

二、产品设计"课程思政"中的问题研究

"课程思政"教育过程中，部分学生表现出对于思想政治内容不感兴趣。通过不记名问卷调研，发现大多数学生对于"课程思政"呈现"无所谓""不是特别感兴趣"的状态。而究其原因，一是课程思政与教学内容没有主次设计之分。部分产品设计课程教学的思想政治建设比较盲目，没有很好地设计课程教学层次，导致"课程思政"教学过程中，强行叠加思想政治的内容到课程中去，让学生在上课时觉得教学内容枯燥，出现抵触心理。二是"课程思政"教学内容与产品设计教学内容之间关联性不大。"课程思政"教学内容与产品设计教学内容产生脱节，二者并未有机融合，导致部分学生感觉是在上两门课：一门是政治课；另一门是专业课。

三、产品设计"课程思政"内容横向的层次设计

"课程思政"的主要目的在于培养学生正确的价值观、人生观和世界观,而产品设计课程通过横向的深度挖掘,可以让学生通过具体的案例,深度发觉案例背后深层次的精神内涵,并将精神内涵影射到文化上的认同与自信。这样一个横向的、多层次的学习结构,对应到教学内容的具体设计上,就体现为"具体案例"到"案例背后所代表的文化"再到"文化所带来的认同"。至此,一个横向的、多层次的教学案例结构就形成了,如图8-1所示。

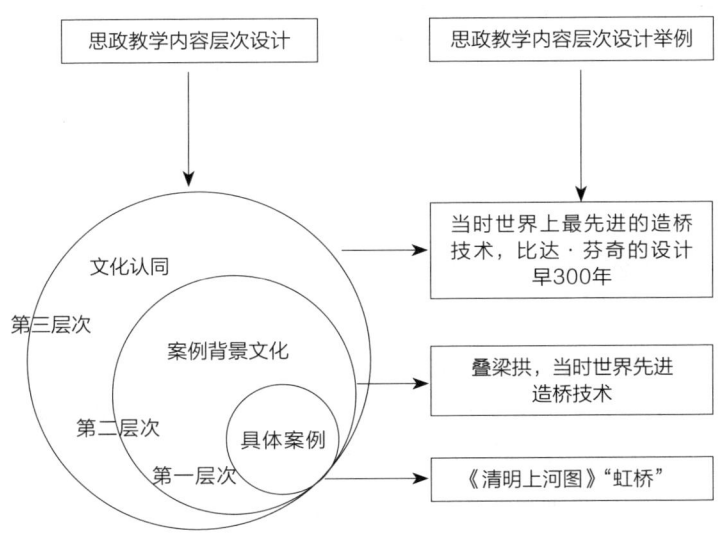

图8-1 课程思政案例多层次教学设计模型

例如,在课程设计时,可以将《清明上河图》中的"虹桥"作为具体案例,通过讲述"虹桥"的叠梁拱结构,让学生了解产品设计中的结构知识,同时拓展《清明上河图》中的其余"高科技",例如摇橹船等。最后,突出叠梁拱这样的结构,当这样的结构已经出现在中国画作中时,达·芬奇却在两三百年后才设计出类似的结构,以此突出中国文化的精髓,增强学生的民族自豪感及文化自信,如图8-2所示。

通过上述案例实践,其比传统的"课程思政"案例教学,主要有两个优势:一是课程案例中的思想政治内容被巧妙地、深度地设计到课程的内容中去,学生在从最前端的案例入手时,至后端的文化感染整个过程相对比较柔和;二是对学生自主向下深度挖掘知识点做了预设,即这些课题可以作为研究作业,供学生自主研究,这个研究过程中,学生是自主学习和文化认同的过程。

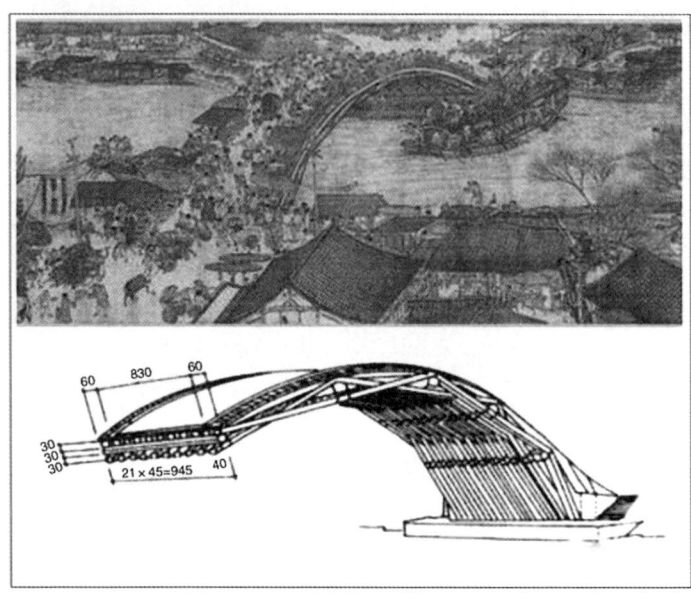

图8-2 课程思政案例《清明上河图》中的叠梁拱结构

四、产品设计"课程思政"内容纵向系统设计

产品设计课程的纵向课程内容包括前期的设计理论文化讲解、发现具体问题的研究及对现有解决方案的研究及再设计,最后是对新的设计的最终验证这四个阶段,如图8-3所示。在整个"课程思政"教学过程中,每一个阶段的思想政治主题实际上是不断变化的,于是产品设计"课程思政"内容纵向的系统设计就十分重要了。

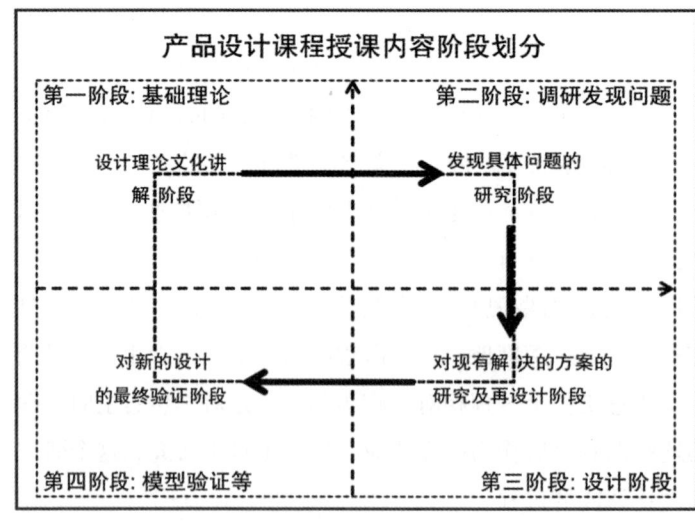

图8-3 产品设计课程授课内容阶段划分

第一是结合授课内容设计不同阶段的、恰当的思想政治主题。第二是设计过程中四个不同思想政治主题的内容应该自洽、统一，但又不相互孤立和冲突。依据上述两条原则，在前期的设计理论文化讲解阶段，可以设定其授课主题为"设计考古"，相对应的思想政治主题为"文化自信"；发现具体问题的研究阶段，设定其授课主题为"为另外90%的人设计"，相对应的思想政治主题为"社会关注"；对现有解决方案的研究及再设计阶段，可以设定其授课主题为"设计与环境"，相对应的思想政治主题为"环境关注"；最后是对新的设计的最终验证阶段，可以设定其授课主题为"手造设计"，相对应的思想政治主题为"工匠精神"。有了这些支撑内容，整个产品设计的课程地图就清晰呈现了。

课程内容的授课重点，是产品设计的技能层，这是课堂上必须讲授的，学生必须掌握的，也是整个"课程思政"的第一层次。第二层次是外围知识拓展层，这一层次的课程设计主要是进行学生的探索阶段，即让学生以作业研究等形式进行深度挖掘，之后就进入"课程思政"的关键节点，学生对课题的深度挖掘可能多停留在学术或者表象上，这时，教师通过作业点评或者小组汇报点评等形式，拔高学生的研究，把具体的研究上升到思想政治内容层面。

例如，在设计考古模块，学生深度挖掘到了很多中国古代的优秀设计，例如榫卯结构等，在学生汇报后，教师点评的时候，提出中国传统文化的优势，提出文化自信，让学生建立起民族文化自豪感。在为另外90%的人设计模块，学生发掘到很多关于为受灾人群或残疾人群的优良设计，教师应积极引导学生建立起奉献社会、关爱他人的优良品格，体现社会关怀的思想政治内容。在设计与环境模块，让学生把一个产品的"生死轮回"进行详细研究，教师向学生阐释中国"绿水青山就是金山银山"的理念。最后在手造模块中，让学生把自己的设计制作出来，在这个过程中，教师把制作的过程与中国的大国工匠做对比，让学生积极建立精益求精的精神追求，从小培养学生的工匠精神。

五、产品设计"课程思政"模型

产品设计"课程思政"至此构建了一个完整的课程模型，如图8-4所示。

（1）"课程思政"内容模型。课程通过"产品设计考古"模块，让学生深度挖掘中国传统的产品设计，提升学生的文化自信；通过"为另外90%的人设计"模块，让学生为残疾人群去设计，提升学生的社会责任心，助力学生塑造奉献社会、关爱他人的品格；"设计与环境"模块，调研产品的"生死轮回"，发现产品在设计时需要考

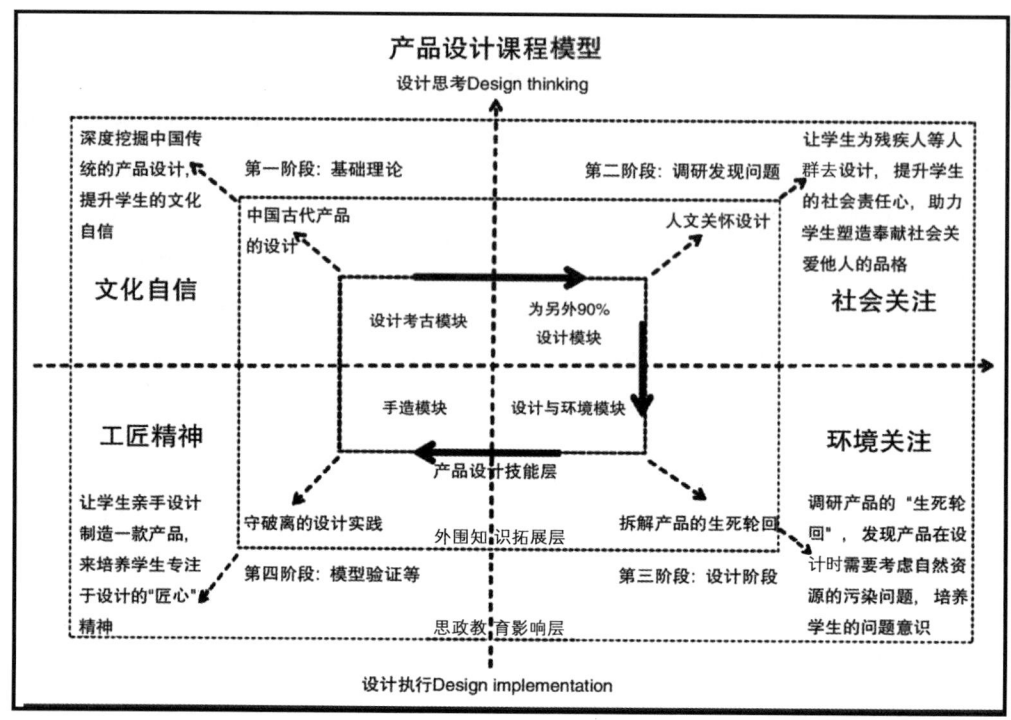

图8-4 产品设计课程模型

虑自然资源及污染问题，培养学生的问题意识；最后通过"手造"模块，让学生亲手设计制作一款产品，来培养学生专注于细节的"匠心"精神。

（2）"课程思政"培养模型。通过"产品设计技能层"让学生获得课堂内应该学习的理论知识。通过"外围知识拓展层"，让学生进行实践研究，自主挖掘对应的文化教育元素。通过"思政教育影响层"，以教学为突破口，借教师作业点评的形式，强化思想政治内容。三个层次设计巧妙，相互关联并且相互支持，能够较好地给予学生良好的课程指导和良好的思想政治教育效果。

（3）产品设计思考与实践模型。产品设计课程中，思考更多的是启发学生的设计思维和研究方式。本课程设计的模型，将第一二象限的主要侧重点放在教学生怎么去思考问题。而第三四象限主要在用实践告诉学生产品的生产过程，符合整个产品设计课程思考与实践的基本模型。这一点也是很多"课程思政"的案例中没有考虑到的，即为了"课程思政"而忽略了一个课程中本应该注重的各个环节的合理性规划。

六、结语

产品设计"课程思政"的设计方式有较多种,这里提供的课程设计方式,主要是利用了案例的三个层次及授课的三个环节这两个方面的深度融合得来的,不尽完善,希望对后续产品设计课程授课的教师有所启发。

参考文献

[1] 郭淑颖. 工业设计专业产品设计课程思政教学研究[J]. 吉林工程技术师范学院学报, 2019, 35 (6).

[2] 成希, 张放平. 基于核心素养理念的高校创新创业教育课程建设[J]. 大学教育科学, 2017, 3: 37-42.

第九章
课程思政改革的多维透视

宋 洁　上海电机学院马克思主义学院

一、时代的呼唤：课程思政改革背景之维

时代呼唤课程思政改革，这是教育发展的逻辑必然。主要表现在两个方面：

一是教育理念发展的需要。随着科学技术的进步，人类主宰自然的能力及其社会处理能力得到了显著提升，尤其是人工智能的发展，给人类带来了更加美好和便捷的生活。但是，在科技发展日新月异的背景下，科技工具主义思潮却不断发酵，使得教育领域的工具理性倾向不断显现，如学科分化越来越细，专业类群越来越详尽，致使出现教育体制性与价值性的分立。尽管学科和专业的细化是科学发展的需要，但出于对细化的错误理解，以至于带来了对教育育人目标的整体性忽视，如人文社会科学和自然科学的绝对界分，不同学科教师之间的互不理解，理科学生的人文素养缺失与文科学生的科学素养阙如等。

其实，跨学科交流、跨专业合作以及交叉学科的发展是促进人类认识深化的必然趋势，正如不同学科专业之间可以在观念上实现互启，在方法上实现互用，在组织上实现互构那样。而思想政治教育作为一种完善人格、培育信仰、塑造人生价值的教育活动，可以并且需要渗透到教育的各个层面、各个环节。所以说，进一步强化教育的价值理性，剖释各类课程的思政资源，在学生学习科学知识的过程中、在培育自身能力的过程中，加强思想政治教育是教育理念发展的迫切需要。

二是思想政治教育内在本质的需要。新时代，青年学生接受信息的渠道不断拓宽，教育环境更为复杂化，学校思想政治教育若依然单纯依靠思想政治理论课"孤岛式"教育，怕是很难适应学生现实发展的需要，难以满足立德树人目标实现的需要。因此，重视各类课程和实践体验中蕴含的隐性思想政治教育资源，并将其贯穿于教育教学全过程，具有思想政治理论课这种显性教育所不可替代的作用。尤其是具有隐性教育资源的各类专业课程，若能与思想政治理论课建立良性的共轭动力、共生体系和共振机制，那么这种教育共同体的运行必将更加顺畅，在育人目标上也将实现"共效应"。

二、价值引领与知识传授、能力培养相结合：课程思政改革理论之维

从某种意义上来说，工具理性与价值理性的相统一是课程思政追求的目标导向之一，具体来说，体现为价值引领与知识传授、能力培养的相统一。

知识传授体现的是课程对于人类认识自然、认识世界的思考与探索，传递的是人类发展中宝贵灿烂的物质文明与精神文化。而能力培养更是将人的主动性与能动性置于教育的重要地位，为实现人的自由全面发展而不懈努力。那么价值引领，作为不可忽视的课程功能，则是在更高目标上将"人是目的"视为教育的重要使命，它突破的是传统授课中知识能力培养与价值导向的割裂性，使得二者在"育人"这个更高目标上实现了统一。

那么，在课程思政中，需要引领的是什么价值呢？如图9-1所示，将价值引领部分做了一个操作性的内容界定，包括一级内容：政治认同、国家意识、文化自信、公民人格、科学素养。同时，二级内容是在一级内容的基础上，进一步拓展而来的四个维度。

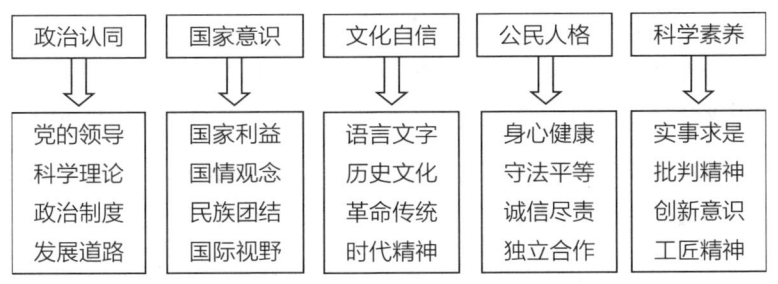

图9-1 价值引领的两级内容结构图

所以说，要充分贯彻课程思政理念，必然要挖掘各类课程中的隐性教育资源，做到知识传授有温度，能力培养有深度，从而实现工具理性与价值理性的相统一。

三、系统性、协调性：课程思政改革特征之维

课程思政的系统性和协调性特征是针对那种片面化的、单向度的、孤立的思维方式而言的，具体来说，就是要以一种综合的、全面的视角来看待课程思政。

一是形成关于课程思政的合力运行机制。课程思政不应是某个部门或某些个人的任务，应从顶层设计的视角形成各相关部门的合力。若不同部门主体各行其是，以多套思路，甚至是相互冲突的思路来运行，定会在某种程度上削弱课程思政的实效。上

海高校课程思政的"三圈三全十育人"体系，整合了来自第一课堂（内圈的全员育人）、课内课外联动（中圈的全过程育人）和全社会（外圈的全方位育人）的力量，合力推进课程思政改革。

二是形成关于课程思政的同向整合机制。从教育目标来看，各学科的育人目标要与思想政治教育的目标进行整合，无论是在其长期目标、中期目标，还是短期目标上，都要实现育人价值的同向同行。从教育内容来看，无论是理论性方面还是实践性方面，要找到可以共享共通的基本要素，如根植理想信念、拓展爱国主义情怀、提升科学素养等，以实现周密协调、立体互动，从而达至育人功能的最优化。从教育方法来看，思政元素在各类专业课和综合素养等课程中应是润物细无声的，是潜移默化地融入各个环节、各个方面的。因此，这种同向整合机制既能将各类专业话语对话思政话语，又能依托课程思政资源来提高各门课程的建设水平，真正实现同向同行。

四、学科交叉化：课程思政改革方向与趋势之维

人类自从有了社会分工后，每个个体都会以特定方式被纳入某一行业中，而且，随着人类文明的发展，这种分工会越来越精细。面对其中每一个细小的分支，尤其面对其中呈现出来的越来越复杂的问题时，单纯依靠某个学科将变得越来越力不从心，迫切需要跨学科的沟通协作与交织互融。从某种意义上来说，"课程思政"需要这种学科交叉，学科交叉化也是"课程思政"改革的重要方向和趋势。

一是科学精神与人文精神的交融。这种学科交叉的一大特征是科学精神与人文精神的交融，这种交融不是要将科学精神转化为人文精神，也不是要将人文精神转变为科学精神，而是在正视二者差别基础上的同契互促。

二是显性教育与隐性教育的结合。具体表现为一种"一体两翼"架构（图9-2），"一体"即作为显性教育的思政课程的引领功能定位。这种引领功能主要表现为以社会主义核心价值观为引领开展教育教学。纵向上，贯通大中小学以及研究生思想政治课程。"两翼"即作为隐性教育的综合素养课的浸润功能定位，以及各类专业课的深化、拓展功能定位。"浸润"功能需要各类综合素养课抓好一条主线，即牢铸理想信念。"深化、拓展"功能需要各类专业课聚焦两个重点，即引大道、启大智，其中"深化"功能需要各类哲学社会科学课程凸显社会主义意识形态，"拓展"功能需要各类自然科学课程注重科学精神的培养。作为"两翼"的各类专业课和综合素养课均需要制定相关课程的价值观建设标准。

三是教育共同体是学科交叉化的重要载体。在"课程思政"建设的教育共同体

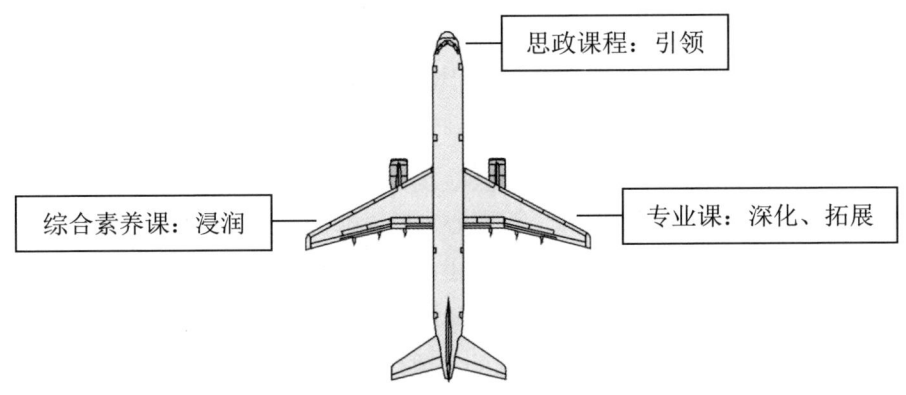

图9-2 "课程思政"的"一体两翼"功能结构图

中,各类课程是基于共同的育人目标,在对话协作的基础上形成的相对稳定的合作团体。这种教育共同体,首先必须在育人目标的认知上达成共识,即形成基本的认知共同体。其次,是在认知基础上的共同参与、相互配合、充分合作,即实践共同体。实践共同体需要不同学科背景的教师要有现实情怀,能将生活实践中的问题联系到教学中,通过研究课题、教学活动等充分发挥各自的学科优势,能解决学生的思想困惑、满足学生的现实需要。

五、坚守专业、多元融合、凝聚共识:课程思政改革主体向度之维

对各门专业课程的授课教师而言,如何能够在"课程思政"中乐教和善教呢?其实,这主要表现为从"愿不愿意"到"能不能够"的问题,即"课程思政"从"应然"到"实然"的关系问题。

一方面,在思想之维,教师首先要破解的是"愿不愿意"的困惑。这需要借助于对"课程思政"的充分认知,在课程育人目标上达成共识。在这过程中,要避免三种典型的思想误区。

第一,"课程思政"就等同于"思政课程",所以对于专业课程而言,教师只需要传授知识,与"思政"又有何关系?这显然已将"课程思政"的内涵窄化了。就像高德毅所指出的那样,教师若无法认知"知识传授与价值引领间的关系",课程思政就无从谈起。其实,思政元素不但不会扰乱专业类课程的教学秩序,反而会提升专业教学的内涵,提高其价值性和思想性,增强其教学效果。对广大教师而言,在新时期,课程思政应是其课程理念中的重要一部分,是其开展专业教学的内在需要。不然,若"只教书不育人",那么教师角色也就仅停留在传递书本知识的"教书匠"而

已,离形塑学生之品格、端正学生之品行、提高学生之品位的"大先生"相去甚远。

第二,"课程思政"就表现为增开一门课,或增设一项活动。这显然是对"课程思政"的形式化理解。"课程思政"不是一句口号;不是一座潮流般的象征性标志;更不是那种"热热闹闹"地出现,却又如"昙花一现"般消失的"闪电"般的存在物。它需要我们静下心来细细研读,沉下心来反复琢磨,安下心来切磋探讨,要有那种"独上高楼,望尽天涯路"的决心,更要有那种"为伊消得人憔悴"也无怨无悔的定力。这是教师的责任,也是教师的风骨体现。

第三,将各类专业课、综合素养课的"课程思政"上成了"思政课"。这其实是对"课程思政"教育共同体的错误解读。在"课程思政"中,各类专业课、综合素养课要上出"思政味",而非上成"思政课"。因为,"课程思政"中的学科交叉并不意味着要把各类专业课程上成"思政课",而是要在"思政课+专业课+综合素养课"的大思政体系中,各类课程都能上出"思政味"。这就好像我们要呈上一道美味的"课程思政'佳肴'",那么各类专业课、综合素养课就是做菜的原料,原料的新鲜度直接决定菜肴的品质;而思政元素就是加入菜肴中用以调味的盐,有了"思政元素"这种盐,菜品得以更加美味。

另一方面,在能力之维,教师要突破的是"能不能够"的问题。这种能力主要包括三种,即研究学生的能力、课程设计开发能力、反思与发展能力。

第一,研究学生的能力。不仅要研究学生的专业知识背景与掌握情况,还要对其在专业类课程学习中的思想、态度与价值观进行研究;不仅要研究新时期学生的知识结构特点,还要研究其话语体系与关注热点;不仅要研究其学习习惯、学习兴趣,还要研究其思想困惑,更要将其学习动力的激发与中华民族的历史使命结合起来,引导其在祖国发展与个人前途的交织线上思考人生。

第二,课程设计开发能力。在教学内容方面,要从价值引领、知识传授、能力培养三个维度对其原先的教学内容进行调整和补充。在课程思政的价值观培养方面,要能凝练出适合该课程的价值观建设标准,且不同课程应有不同侧重点,总体来说,宜精不宜多,以最能反映出该课程的育人价值与特点为宜。如某生物类专业课将价值观建设目标凝练为"理性公民促成理性社会",某心理类综合素养课将价值观建设目标凝练为"互助合作意识下的独立探究精神"。在教学方法方面,教师们可以多尝试能激发学生主动性与积极性的教学方法,如对分课堂、翻转课堂等,鼓励对话与合作,促进学生多角度思考问题。

第三,反思与发展能力。这是基于"课程思政"实施过程中的问题而进行的反思,是教师的一种元认知能力,能助推教师自身教学能力的发展以及"课程思政"

的整体建设。

基于以上对教师在课程思政中"应然如何"到"实然如何"的分析，尤其对各类专业课任课教师而言，要能够在课程思政中胜任并善任。

首先需要坚守好自己的专业定位，并不断拓展自己的学科视野。只有把"菜肴"品质提升了，再加入"课程思政"调味后，菜品才能更吸引人。所以，教师要有进行课程思政改革的信心和准备，具备将思政元素全息化融入专业课程的能力。

其次，注重多元融合，加强文化育人。每门课程具有不同的性质和特点，其育人的视角和切入点也是不同的，这就需要教师在多元融合中，挖掘课程的文化魅力，凝练课程的文化特色，实践课程的文化育人功能。

再次，挖掘专业课程中历史人物和时代先锋的榜样力量。教师要善于将本学科发展中的人物史、学科史进行梳理，展现大学问家、成大事者的伟大人格和事迹风采，尤其是他们追求真理的拼搏精神和勇于挑战的探索精神。

最后，学以致用，边实践、边总结、边创新。在课程思政中，知识传授与能力培养的目标需要理论联系实际，需要学生在生活实践中去运用、去体会。同样，价值引领的目标也需要学生去实践，使学生能够充分认识到自己所学对祖国前途、对人民大众、对自身发展的价值和意义，能够自觉肩负起责任和使命，在实践中有担当、有作为、有收获。

在课程思政实践中，教师更需要持有开放包容之态，只有"爱学生、懂教学、有情怀"，才能在育人的探索道路上越走越远。只有以发展的眼光看待课程思政改革，才能逐步从课程思政，走向更深入、更全面的专业思政、学科思政改革，且前进的道路和方向越走越明晰。

参考文献

高德毅. 从思政课程到课程思政：从战略高度构建高校思想政治教育课程体系[J]. 中国高等教育，2017，(1)：43.

第二篇

设计专业代表性课程的课程思政教学实践案例

第十章 "市场调研与分析"课程思政教学实践

刘博敏　上海电机学院设计与艺术学院

一、课程基本情况

"市场调研与分析"是面向艺术类专业本科二年级学生开设的课程，共2学分，32学时。本课程具有较强的应用与实践性。传统的教学以教师课堂讲授为主，师生互动较少，实际项目实践较少，专业能力的提升与职业精神的培养可以进一步增强。当前，学生在解决市场调研的实际问题时，要不断面对理论和实践的融合、道德遵循和科学调研的融合，做好市场调研课程的课程思政教育非常重要。

"市场调研与分析"原有教学目标是掌握设计调查的方法和问卷设计技术，掌握定性与定量分析预测法以及书面调查报告的写作步骤，培养学生具备市场分析的设计洞察力。这样的目标设定主要着眼于学生专业知识体系的建构，但对学生德行的塑造需要进一步加强。本课程立足"立德树人"的课程教学目标和一流课程标准，从学生认知特点与实际需求出发，在知识、能力和思想三个维度全方位优化了教学目标，将教学目标细化为知识、能力和思政目标三个层次，如表10-1所示。

表10-1　教学目标

类别	目标内容
A知识目标	A1 掌握设计调查的方法和问卷设计技术 A2 掌握定性与定量分析方法
B能力目标	B1 能制订调研计划、开展设计调研，初步具备设计洞察能力 B2 能运用市场调查报告的写作技巧撰写市场调研报告，培养市场分析能力
C思政目标	C1 培养职业道德，树立良好的品德和独立的人格 C2 培养科学严谨的治学态度和客观求实的探索精神，培养理性思辨能力和批判性思维

二、课程思政融入教学内容设计

教学团队根据课程教学大纲和教学目标，在国家战略和民族视野的大背景下将专业教育和思政教育进行深度融合，科学梳理每章节的课程思政育人要素重点内容，如表10-2所示。

表10-2 思政元素有机融入课程内容

序号	章节	课程内容	思政元素切入点	预期效果
1	第一章 市场调研的基本内涵	1.1 市场调研的含义	让学生了解市场调研的含义及意义,建立对课程的宏观理解和认知	培养全局的系统观念
		1.2 市场调研的主要内容	引导学生基于国家战略和民族视野理解课程体系与框架,掌握课程的学习方法	树立大国意识,增强民族自豪感
		1.3 市场调研员的基本素质	培养学生逐步具备市场调研员的基本素质	培养职业道德,树立良好的品德和独立的人格
		1.4 市场调研方案的设计	使学生循序渐进掌握市场调研方案的设计思路	培养科学精神
2	第二章 市场调研方法	2.1 文案调查含义及方法	熟悉文案调查的程序,掌握文案调查的方法和原则	培养社会责任感和学术自律力
		2.2 市场调研的观察法、访问法和实验法	引导学生能根据实际情况准确运用相关研究方法	
		2.3 问卷的结构和内容	培养学生科学设计问卷,精准分析问卷数据	培养工匠精神和科学精神
		2.4 问卷设计技术		
3	第三章 抽样与量表	3.1 随机抽样技术和非随机抽样技术	训练学生处理复杂样本之间关系的能力	培养科学严谨的治学态度与客观求实的探索精神
		3.2 抽样误差的分析及计算		
		3.3 测量的概念与尺度,量表的类型及常用量表		
4	第四章 市场调研报告与案例实操	4.1 市场调研资料整理的程序,市场调研资料分组形式和方法,市场调研资料的编码与录入技术	引导学生能基于大量原始数据,整理归纳有用信息	培养工匠精神
		4.2 统计表,掌握次数分布数列的特点,学会使用统计图汇总和整理资料,统计指标	训练学生准确表达统计结果的能力	培养理性思辨能力和批判性思维
		4.3 市场调研报告的概念,市场调研报告的重要性,市场调研报告的基本要求,书面调查报告的写作步骤	训练学生客观严谨撰写书面调查报告的能力	
		4.4 "红色文创衍生品开发现状及发展路径调研"实践课题	组织学生分组完成调研,发挥团队合作精神	

例如，在讲解"1.3 市场调研员的基本素质"内容时，注重对学生职业道德的塑造与培养，本专业学生毕业之后可能从事市场推广等相关工作，因此教师以调研员角色为出发点，通过职业道德培训增强学生的社会责任感，同时提升学生对真理的敬畏和对学术的尊重。又如，在第四章"市场调研报告与案例实操"的讲解中，以爱国选题引领实战训练，结合课程思政的指导思想，鼓励学生以小组为单位，选取与红色文创主题相关的调研选题，并在班级进行重点展示，用调研数据分析说明国家的现状和发展趋势，树立学生的大国意识，增强民族自豪感。

三、典型教学节段教学组织案例

下文以"第四章 市场调研报告与案例实操"中的4.4"红色文创衍生品开发现状及发展路径调研"实践课题为例，详细说明具体教学过程是如何组织展开的。

（一）课前——思政导入

1. 学习内容

（1）1925年1月11—22日，中国共产党第四次代表大会在上海市虹口区东宝兴路254弄28支弄8号召开。会址原为坐西朝东的砖木结构假三层石库门民居。毁于1932年"一·二八"淞沪抗战。

（2）中共四大通过了《中国共产党第四次全国代表大会宣言》《对于民族革命运动之议决案》等14个文件。中共四大在中国革命史上具有重要意义，其在党的历史上第一次明确提出无产阶级在民主革命中的领导权和工农联盟问题，为党的不断发展壮大起到了积极的推动作用。

（3）1987年11月17日，上海市人民政府公布中共四大遗址为上海市革命纪念地。

2. 具体实施

（1）教师组织学生参观中共四大纪念馆，了解中国革命的发展历程与中国共产党所取得的伟大成就，增强对中国共产党的政治认同。

（2）教师组织学生对中共四大展馆内展出及正在售卖的红色文创衍生品进行初步考察，以拍照、速写、文字描述等多种方式记录有用信息。

3. 达成目标

通过多维度、多途径信息输入，使学生进一步明确研究课题，建立对"红色文创衍生品开发现状及发展路径调研"课题中相关目标产品的整体直观认知。

（二）课中——思政元素贯穿

1. 学习内容

（1）红色文化是在革命战争年代，由中国共产党人、先进分子和人民群众共同创造并极具中国特色的先进文化，蕴含着丰富的革命精神和厚重的历史文化内涵。红色文创衍生品的开发需要着重从内涵理解、产品表现、传播渠道、运作模式等方面展开调研与分析。

（2）我国红色文创发展面临着诸多问题，如产品设计理念不清晰、市场宣传推广不充分、产品应用场景不够丰富等。

（3）掌握开展红色文创衍生品市场调研与分析的相关理论知识，包括市场调研资料整理的程序、分组形式、编码与录入技术；学会使用统计图汇总和整理资料；掌握市场调研报告撰写的基本要求与写作步骤。

2. 具体实施

（1）确定分组。按照随机与自愿相结合的原则进行分组，每组人数为4~5人，并推选一名组长，负责领导与统筹整个小组的工作进度。通过分组开展市场调研，可以培养团队合作精神、提高团队合作意识，加强学生的全域视野和大局意识，使他们认识到市场调研与分析是一个系统工作，只有通过各方协同共创才能得到完整的调研成果。

（2）选定课题。确定分组后，请每组学生围绕"红色文创衍生品开发现状及发展路径调研"这个总课题，进行头脑风暴，以便选定本组的具体课题。红色文创衍生品的产品品类非常宽泛，包括办公文具类、生活用品类、盲盒玩偶类、平面招贴类等，不同的产品品类有不同的表现形式、应用场景、传播渠道及运作模式，需要有针对性地制定具体细化调研内容和相关问卷。每组学生选定一个产品品类后，确定本组的具体课题内容。

（3）制定调研方案。每组学生按照本组课题的产品品类，制订市场调研的方案并撰写调研大纲，主要包括开展调研的目的、产品现状、背景意义，采用的调研方法、调研对象、时间与工作进度安排、可行性分析、拟解决的关键问题以及初步的设计方案提议等。

（4）设计问卷。每组学生选择恰当的调查方法与抽样方法，然后进行问卷设计。根据教师的课堂理论讲授并结合本组具体选题进行问卷设计。确定初稿后，请所有小组成员一起讨论，进一步优化问卷细节，规范问卷格式。

（5）问卷回收与整理。将调研问卷回收并进行整理，剔除无效问卷后，录入有效问卷的相关信息，并运用统计分析软件——SPSS进行数据分析，绘制图标，为撰写市场调研报告做准备。

（6）撰写市场调研报告。请学生复习教师讲授的市场调研报告撰写要求与写作步骤等理论知识，并结合相关案例和前期分析数据，撰写市场调研报告，并运用计算机辅助设计初步表达设计趋势与设计提案。

（7）分组汇报交流。随机选取小组成员代表，向全班同学演示本组成果，给学生创造自我表达的机会，并向学生提供清晰合理的评价细则（表10-3）。

表10-3 评分细则

评价内容	具体要求	分值
方案可行性	调研分析策划合理可行，调研展开思路有序	30分
分析逻辑性	问卷分析有理有据，数据整理真实可靠	30分
作品表现力	设计方案合理、美观、表达准确，有一定前瞻性	20分
口头表达力	汇报陈述思路清晰，语言表达准确	20分
总分		100分

3. 达成目标

通过理论讲授和实战课题演练，使学生掌握市场调研与分析的完整流程和具体方法的实战运用，通过分组实践，充分发挥团队合作精神，在数据汇总与结果分析的过程中培养学生的理性思辨能力和批判性思维。

（三）课后——总结反思与展示交流

1. 学习内容

掌握版面设计与视频制作的相关技巧和方法。

2. 具体实施

请每组学生根据课堂讨论与汇报的成果，制作展示版面或演示视频，并上传到线上课程展示平台，进一步推广课程相关成果。

3. 达成目标

通过全流程学习与研究，使学生在掌握市场调研与分析方法的基础上，进一步拓展多维实战能力，掌握将研究成果可视化展示的技巧，教师全程鼓励学生通过分组形式完成课程实践成果，增强学生的团队合作意识、提高学生的项目管理能力。

四、课程思政教学总结与成效

本课程围绕知识目标、能力目标和思政目标展开具体教学,以调研实践为契机培养学生的民族意识和自豪感,基于调研道德规范培养学生的社会责任感,高标准、严格要求下培养学生的工匠精神和科学精神,面对问题多方论证培养学生的理性思辨能力和批判性思维。教师将思政育人渗透到课程教学全流程中,取得了更有力度的思想引领效果。

参考文献

[1] 吴丁娟.《市场调研》课程思政的核心价值及实践路径[J]. 广州医科大学学报,2020,48(02):69-72.

[2] 吴开尧,崔昊天.《市场调查》课程思政探索[J]. 产业与科技论坛,2021,20(21):180-181.

[3] 符秀丽. 基于OBE理念的市场调研课程教学改革研究[J]. 绿色包装,2022,(02):39-42.

[4] 许萍. 课程思政在市场营销专业教学改革中的融入策略[J]. 教育观察,2021,10(14):76-78+81.

[5] 冯瑜. 项目式教学在市场调查与预测课程中的应用[J]. 老字号品牌营销,2021,(10):143-144.

[6] 万里,周峰. 依托专业课程的"双创"W2W教育研究——以市场调研课程为例[J]. 江苏经贸职业技术学院学报,2021,(03):64-67.

[7] 张欣欣. 应用型本科院校市场营销专业《市场调查与预测》教学模式研究——基于项目驱动模式视角[J]. 营销界,2021,(29):79-80.

[8] 百度百科:http://baike.baidu.com/view/21837817.html;2019-08-22.

第十一章
"数字音乐"课程思政教学实践

陈 怡　上海电机学院设计与艺术学院

一、课程基本情况

"数字音乐"是数字媒体专业的必修课程，旨在使学生掌握数字媒体中声音的特征，运用音频处理的技能，通过对数字声音的设计与创作，让声音在数字媒体作品中发挥更好的艺术效果。课程总学时为48学时，3学分，面向本科数字媒体专业学生开设。

本课程教学基于音频处理技能及声音设计与创作，用好思政元素案例，以专业技能知识为载体，深入挖掘课程全方位育人资源。着眼于学生专业知识体系的建构，同时注重课程思想内涵的挖掘。根据课程思政的指导精神，教学团队把握课程思政重点内容，科学设计本课程的课程思政目标，优化课程思政内容供给，将教学目标分解细化为知识目标、能力目标和思政目标三个层次。

（一）知识目标

（1）了解数字音乐的基础概念，掌握音频处理的基本特征、原理、应用范围以及在数字媒体作品编排中的地位和作用。

（2）掌握数字媒体作品中的各类声音，了解声音的诸多要素及其产生的物理效应、心理效应。

（二）能力目标

（1）学会运用音频软件编辑声音和音乐。

（2）掌握数字媒体作品中语言和音乐的特点及功能，能够合理处理声音与画面的关系；掌握声音的审美规律，能够运用声音的要素及其产生的物理、心理效应进行声音设计与创作。

（三）思政目标

（1）使学生能够加深对数字媒体专业的认识，提升对专业的认知度，形成职业认同度。

（2）以中华优秀传统文化、乡村振兴作为教学案例的主线，学生围绕课程内容创作相关数字音乐作品，使学生在创作过程中提升文化认同度与自觉性，培养学生正确的审美观、人生观、世界观及价值观。

（3）鼓励学生勇于实践探索，深入生活，感受生活，到创作实地去采风，形成真实的感受，同时激励学生形成较强的探究力、团队合作能力、沟通力，促进人的身心和谐发展。

二、课程思政融入教学内容设计

（一）思政元素梳理

在本课程中引入多元文化，提高课程思政内容的丰富性，主要以两条主线进行。

1. 引入中华优秀传统文化

中华优秀传统文化是我国数千年历史发展下形成的精神结晶，从中华优秀传统文化中可以使学生切实感受到中国文化的强大，增强对国家和民族的自豪感和自信心。

2. 引入乡村振兴战略

乡村振兴战略是党的十九大做出的重大决策部署，使学生在乡村振兴实践活动中，发挥艺术创造力，真切地感受到中国的发展和前景，形成正确的创作思想和价值观。

（二）思政元素融入

通过对专业教育和思政教育的育人要素分析，确立了课程思政育人要素的重点内容，并进一步将这些思政德育元素有机融入课程的教学内容中，如表11-1所示。

表11-1 思政元素有机融入课程内容

序号	课程模块	知识单元	单元内容	示范案例	思政元素切入点
1	数字音频编辑基础模块	数字音频编辑基础概述	了解音频和数字音频编辑的基础知识、相关硬件与软件、数字音频编辑的流程	了解传统编辑技术如录音机、磁带等传统编辑技术	
		数字音频编辑软件操作与工作流程	掌握Adobe Audition软件基本操作、剪辑技术、多轨混音技术	为朗读内容《七律·长征》配乐	《七律·长征》体现了共产党人不畏艰险、不惧困难的革命乐观主义精神和大无畏的英雄气概；为诗歌选配主题旋律、情绪、节奏速度相吻合的音乐，从诗文、音乐中感悟诗歌内涵
2	声音设计模块	声音的类型及功能	掌握声音的分类，声音的具象功能、意向功能、抽象功能；掌握录制音频素材技能、使用音频编辑软件模拟音效	为《大闹天宫》片段编辑模拟音效	动画片《大闹天宫》中大量动作源于中国国粹京剧，其音效配乐采用锣鼓、民族打击乐器，运用音频编辑软件模拟音效，加深学生对中国传统戏剧认识
		人声的种类与功能	非叙事类作品与叙事类作品中人声的种类与功能	分析纪录片《长征》中人声的种类与功能	纪录片《长征》在主流情感氛围的塑造和表达上巧妙地将历史时空与现实时空结合起来，通过该作品中人声种类和功能的分析，能够感悟到长征精神，在作品创作过程中坚守长征精神，对长征精神进行创新，使长征精神融入心灵和血液中
		影视作品中音乐的分类及功能	在影视作品中，音乐呈现出不同的种类，与画面一同完成艺术形象的整体塑造，承担着深化主题、推动叙事、刻画人物心理、渲染氛围等功能	分析《闪闪的红星》《我和我的祖国》中音乐的种类与功能	《映山红》为电影《闪闪的红星》的一首插曲，不仅唱出了生活在黑暗之中的苏区人民渴盼红军归来的强烈心声，更是唱出了与黑暗势力做殊死搏斗的革命意志
		音响的种类及作用	掌握音响的种类及在展示环境空间、营造艺术氛围、塑造人物性格、表达创作者主观意图方面的作用	分析动画作品《哪吒之魔童降世》	该作品集中体现了中国作品中声音的民族性和本土化，通过声音设计塑造了个性鲜明的动画人物，实现了影片的声与形、形与意的高度融合；使学生充分感受到传统文化的博大精深

续表

序号	课程模块	知识单元	单元内容	示范案例	思政元素切入点
3	音画处理模块	声画对称	掌握画面与声音之间的组合关系，运用效果器、其他音频编辑技术	分析、创编作品《我和我的祖国》《大鱼海棠》	影片《我和我的祖国》中，大量背景音乐的运用，电影将普通大众与国家同呼吸共命运的联系，通过小人物的视角来还原历史的大事件，将爱国主义情感与普通大众的点滴生活相融
		声画对位			
		声音措置			
4	实践模块	采风与实操	组织学生开展采风活动，场景为红色地标或乡村振兴实践基地进行声音录制、声音编辑等技术进行作品创作	自编创作	使学生在乡村振兴实践活动中，发挥艺术创造力，真切地感受到中国的发展和前景，同时提升团队合作能力

三、典型教学节段教学组织案例

下文以"影视作品中音乐的分类及功能"中教学节段为例，详细说明具体教学组织过程是如何展开的。

（一）教学目标

（1）使学生掌握音乐在影视作品中的功能和作用，能够运用音乐语言对画面进行声音设计。

（2）分析影视作品，聚焦教学案例中的思政元素，本章节主要选取《闪闪的红星》这一主旋律电影，通过对音乐在影片中起到的作用与功能的探索，加深学生对长征历史内涵的理解，在情感共鸣的基础上，将红色文化的价值观传承。

（3）通过小组形式，采风和实践创作，提升团结合作、知行合一的能力。

（二）教学分析

歌曲《映山红》在《闪闪的红星》影片中由东子妈演唱。优美的旋律和声情并茂的歌词，表达了苏区人民对红军的热爱和对红军英雄的崇敬，寄托了苏区人民在红军领导下对冲破黎明前的黑暗的深深期盼。

（三）教学活动

1. 教学导入

欣赏已完成的诗朗诵配乐作品《七律·长征》，从音乐情绪、速度、旋律等角度进行讨论，讨论配乐的音乐特点。由此，讨论如何选择与画面相匹配的音乐。

（1）PPT展示音乐语言要素：旋律、节奏、曲调、速度等。

（2）PPT展示音乐的分类：从时间、功能、音乐风格等不同角度对音乐进行分类。

2. 教学环节一

通过教学案例《闪闪的红星》片段，分析电影原声音乐《映山红》的音乐特点，总结音乐在画面中的功能（表11-2）。

表11-2 《闪闪的红星》教学案例

音乐乐段	画面	音乐情绪	音乐功能
第一乐段	潘东子爸爸随部队转移后，潘冬子和妈妈在山里盼望红军回来时所唱，为了鼓励潘冬子，妈妈告诉他，到了春天，映山红开了，红军和爸爸就会回来的	情绪舒缓、优美，饱含着母亲与潘东子内心对红军到来的期望，尤其当满山开遍映山红，音乐情绪推到了一个小高潮，象征着红军的到来为老百姓带来了希望	通过妈妈的歌声，能够解读到在妈妈心里，春天就是斗垮所有的"胡汉三"，胜利花开的时候。音乐在此处深化主题，抒发情感情绪
间奏	从满山遍野的映山红画面，转场切换到母亲与敌人对峙的画面	音乐从舒缓到突然的紧张，速度突然加快，密集音型预示着危险的到来和厄运的来临	音乐在此处起到了转场和渲染画面、营造环境的作用
第二乐段	第二段画面是潘东子妈妈与敌人殊死斗争，不惜牺牲自己的性命也绝不背叛共产党的故事情节	第二段音乐旋律没变，但是音乐的速度和演唱方式变为铿锵有力，与第一段委婉舒缓形成了鲜明对比，表达了不畏牺牲、坚定的革命意志	音乐在这里，深化了主题，通过音乐刻画了一个个性鲜明的革命形象

3. 教学环节二

电影《我和我的祖国》将7个发生在不同年代、不同地点、不同人物身上的故事串联到一起，故事展现出普通大众与国家同呼吸共命运的联系，将爱国主义情感与普通大众的点滴生活相融，从而使观众产生共鸣，提升了影片的爱国主义精神内核。

将学生分为6~7组，对电影《我和我的祖国》的音乐进行分析探索。

（四）教学拓展环节

学生以小组形式，深入乡村振兴实践基地进行采风，为采风实景进行声音设计。

四、课程思政教学总结与成效

本课程把"立德树人"作为根本任务，通过梳理课程所蕴含的思政元素和所承载的思想内涵，以传承中华优秀传统文化、红色文化为主线，优化教学案例，完善教学设计，以专业技能知识为载体，深入挖掘课程蕴含的全方位育人资源。

学生在课程教学实践中，通过对大量教学案例的学习，形成情感体验，升华了爱国情怀，深入基层的乡村振兴实践活动，凸显生活性，帮助学生真正理解学科与其所处社会的关联，突出设计学科在道德层面的育人价值。

第十二章
"产品改良设计"课程思政教学实践

夏敏燕　上海电机学院设计与艺术学院

一、课程基本情况

"产品改良设计"是我校一流本科工业设计专业的核心课程,课程总学时为128学时,8学分,面向本科三年级学生开设。本课程是一门融理论、方法、实践于一体的工作室制课程,其任务在于培养学生系统地了解产品改良设计中的各个要素和制约条件,掌握用户调研、需求整理、价值分析、功能改良、功能评价、用户测试等一整套系统方法和产品设计程序。

在课程思政理念下,本课程的教学除了使学生系统地了解和掌握产品改良设计程序与方法,还要激发大学生创新意识和培养学生的设计沟通能力、团队合作精神,使其具备职业操守以及一定的社会责任感,具有良好的自主学习和终身学习的意识和能力。本课程的教学目的不仅是知识的学习,更重要的是综合能力、价值观的提高,在校企合作双导师团队指导下,通过企业真实课题的锻炼,为企业培养"拿来就用"的、与时俱进的设计人才。

根据课程思政的指导精神,教学团队将教学目标分解为知识目标、能力目标和思政目标三个层次,如表12-1所示。

表12-1　教学目标

目标模块	目标具体内涵
A知识目标	理解改良设计的概念及流程; 掌握对市场现有产品进行调查和分析的基本方法; 熟悉模型材料塑造产品形态的工艺制作过程和常用制作工具的使用方法
B能力目标	能够发现现有产品存在的问题; 能够给出产品改良设计方案,并论证可行性; 掌握模型的实际制作能力
C思政目标	培养学生的设计沟通能力、团队合作精神,使学生具备职业操守以及社会责任感,具有良好的自主学习和终身学习的意识和能力

二、课程思政融入教学内容设计

（一）思政元素梳理

首先对社会主义核心价值观个人层面进行分析，接着对本课程内容与社会主义核心价值观个人层面进行关联，通过不同方式进行育人，具体见图12-1。

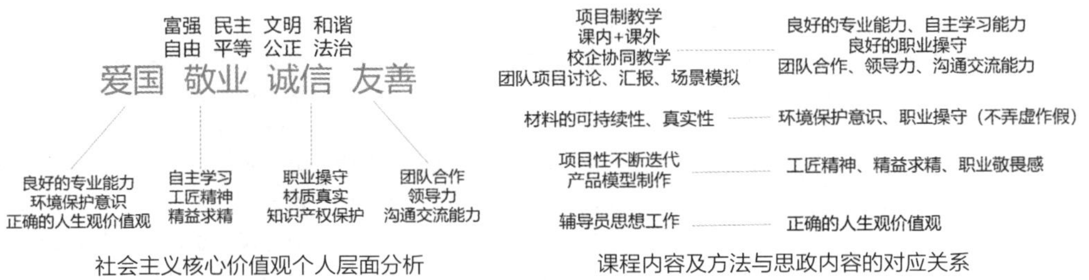

社会主义核心价值观个人层面分析：
- 爱国（富强 民主 自由 平等）——良好的专业能力、环境保护意识、正确的人生观价值观
- 敬业（文明 和谐 公正 法治）——自主学习、工匠精神、精益求精
- 诚信——职业操守、材质真实、知识产权保护
- 友善——团队合作、领导力、沟通交流能力

课程内容及方法与思政内容的对应关系：
- 项目制教学、课内+课外、校企协同教学、团队项目讨论、汇报、场景模拟——良好的专业能力、自主学习能力、良好的职业操守、团队合作、领导力、沟通交流能力
- 材料的可持续性、真实性——环境保护意识、职业操守（不弄虚作假）
- 项目性不断迭代、产品模型制作——工匠精神、精益求精、职业敬畏感
- 辅导员思想工作——正确的人生观价值观

图12-1　课程思政元素梳理

基于设计与艺术学院的"三全育人"体系，本课程围绕"立德树人"根本任务，紧扣"三全育人"主题，突显全员参与、全过程覆盖、全方位协同育人的特点。完善课程培养目标实现机制，在教学评价、课内教学、课后实践、设计评价等方面嵌入思政育人载体，突显思政协同育人功能。将思政的学会做事、做人与设计理念、设计过程相融通，明确设计各个阶段的思政培养目标，注重学生在设计实践过程中"习德、育德、养德"，将道德规范认知内化于人的经验思维中。有效利用团队及校内外各种社会力量与资源，实现"全员育人"。以设计项目为载体，在课程设计上"借题发挥"地营造思政环境，在课程教学中"润物无声"地融入价值导向，在课程建设的每个环节巧妙融合思政教育，打造"全过程育人"。

（二）思政元素融入

思想政治教育源于生活，是"生活过程在意识形态上的反射和反响"。思想政治教育在设计专业教学上的体现就是学会做人、做事。思想政治教育往往以完美人格来统一要求大众，偏好向人传授"高、大、上"的道理。而"产品改良设计"的课程建设试图将这些思想政治教育中的大道理与实际设计经验、工作经验相融通，注重学生在设计实践过程中将道德规范认知内化于人的经验思维中。通过对专业教育和思政教育的育人要素分析，确立了课程思政育人要素的重点内容，并进一步将这些思政德育元素有机融入课程的教学内容中，如表12-2所示。

表12-2 思政元素有机融入课程内容

序号	知识单元	小单元内容	思政元素切入点	预期效果
1	改良设计的概念和流程	1.1 产品改良设计的意义 1.2 产品改良设计的内容 1.3 产品改良设计的一般程序与方法	让学生了解产品改良设计的方法与内容，特别讲述中国从OEM到ODM，产品改良设计是中国制造蜕变的重要一环	掌握改良设计的概念和一般流程，掌握产品改良设计分析方法
2	产品调查和分析方法及实践	2.1 市场调查和设计调查的基本概念 2.2 数据采集方法 2.3 调研分析 2.4 产品调查和分析实践	引导学生基于家国背景，从不同品类产品中的佼佼者定位方向的不同，采用不同调研方法进行调研分析，从而使得设计目标正确。 特别强调学生走出教室，走入用户亲身体会感受，通过团队合作，录制视频、记录用户言行，深入分析用户	掌握市场调查和设计调查的基本概念、基本方法，对调查结果进行分析的方法。 提高学生检索信息和利用信息的能力，培养学生主动获取更深、更广、更新知识的能力，学会从用户角度发现问题
3	提出现有产品存在的问题	3.1 从调研分析结果中发现问题 3.2 从产品自身的功能定位、市场定位、结构设计等方面发现问题 3.3 从用户的背景知识、使用习惯、认知方式等方面发现问题	在案例讲解时特别列举由于设计方向定位准确的中国品牌与产品，从而引起学生的民族自豪感与自信心。 在学生进行设计定位时，采用小组讨论的方式，分析设计定位与目标，避免设计一家之言。 特别采用亲身拆机方式，一笔一画记录产品内部结构，使得设计避免学生对产品内部结构不了解而过于天马行空的设计	学会从调研中深入发现用户的需求，掌握从产品自身的功能定位、市场定位、结构设计等方面发现问题，掌握从用户的背景知识、使用习惯、认知方式等方面发现问题，并提出问题的初步解决方案。 通过分析问题，提升学生的自主学习能力、研究问题能力，通过提交调研分析报告，使学生掌握设计研究和报告撰写方法。 通过调研、设计分析定位汇报，学生制作PPT汇报结果，并结合场景模拟，提升学生的语言表达能力，同时深入理解用户。 通过团队合作提升学生的设计沟通能力与团队合作能力

续表

序号	知识单元	小单元内容	思政元素切入点	预期效果
4	细化和论证改良设计方案	4.1 产品信息采样与形态语言的设计要素 4.2 设计创造的思维方法并提出初步的解决方案 4.3 初步解决方案的手绘表达和计算机表现 4.4 解决方案的论证和反复修改 4.5 产品模型概述及ABS板材制作模型 4.6 聚氨酯泡沫结构模型制作及模型结构图样的表达 4.7 确定最终方案；制作实物模型 4.8 改良设计方案的实现	训练学生准确表达产品形态的手绘表现技法、计算机表现能力。 在反复的方案迭代中培养学生的工匠精神。 在手工制作模型中感受形态，培养学生动手制作能力以及不怕挫折、精益求精的精神。 在设计表现时，讲述产品材料环保的重要性、表现形式与真实材质一致的重要性，讲述职业道德问题、环保意识问题	通过设计手绘表达、计算机表现、解决方案的论证和反复修改、模型制作、模型结构图样的表达、版面制作等设计流程，使学生掌握基本的产品改良设计方法，提升设计实践能力。 通过项目中不断迭代的过程，使学生从内心深处建立职业的敬畏感。 通过项目材料选择的可持续性以及项目中精益求精的指导，培养学生的职业道德与社会责任感。 通过项目团队合作的形式，提升学生的设计沟通能力、团队合作精神。 通过模型制作中艰苦的制作，逐渐培养学生的动手能力，培养学生的工匠精神

专业教育中，科学知识的学习、科学思想的汲取、科学方法的训练、科学精神的熏陶，有利于大学生形成正确的理想信念、道德修养等。作为专业教学，实际教学重点除了使学生掌握职业技能，更要融入职业道德教育，使学生以正确的态度对待自己的专业与未来职业，培养学生从事本专业、职业的幸福感与荣誉感，干一行爱一行，尽职尽责。同时，将社会公德教育融入教学。设计活动作为规划、创造人类生活环境的最基本的活动，人类的任何设计决策都会对环境产生不同程度的影响。对任何设计活动的评价，都不能仅从眼前或局部的利益出发，而忽略了长期的或综合的环境影响。课程设计实践中要求学生的设计符合环境友好原则：易拆卸、减少材料种类、避免互相不容的材料组合、不用复合材料、可识别材料、剔除污染再生的材料。设计也能改变世界，引领社会文明。通过专业教学，使学生深刻意识到这一点，产生社会责任意识。

"产品改良设计"课程作为一门设计工作室课程，采用"课内+课外""校内教师+校外导师"共同辅导的形式，让学生在学习阶段提前接触到真实项目，了解真实职业需求，通过切身体会理解设计。良好的思想品德并不是灌输与说教思想观念、政治观点、道德规范，而是在师生零距离接触中，教师的言传身教、身体力行、人格修养、涵养学识，学生的耳濡目染、亲身体会，从而让这些良好的思想品德深入学生的心坎中。教师应该全方位了解学生、引导学生，培养学生的综合素质，形成良好的"教"和"学"的双向互动关系。

在教学过程中，采用"教师为指导，问题为引导，学生为主体，自主研究"的教学组织形式，将学生带到真实的课题环境中，由学生自己发现问题，确定研究对象，制定研究方法，设计研究程序，自主发挥潜能，利用知识去分析问题、解决问题，形成自身对问题的独特认识和解决问题的独特方法，进而养成和提高学生自主学习、自主研究的习惯和能力。

在调研阶段，各小组根据设计课题拟定调查问卷、访谈内容、观察要点、调研用户使用流程、用户使用痛点和环境问题。通过现有产品拆装（图12-2），进行产品功能分析，包括产品的结构分解、功能系统图架构、产品功能矩阵的展开等内容。引入诸如KJ法、产品功能系统图分类法和Kano模型分类法等分析方法，学生制作PPT汇报结果，并结合场景模拟，从而提高学生检索信息和利用信息的能力，培养学生主动获取更深、更广、更新知识的能力，提升学生的语言表达能力、观察分析能力、报告撰写能力。

在设计阶段，首先通过教师介绍经典案例的设计过程，再由学生对团队设计目标案例进行讨论分析，做出市场判断和设计评价。明确设计目标后，进行方案发想，采用不同的评价方法进行方案分析，通过设计手绘表达、计算机表现、解决方案的论证

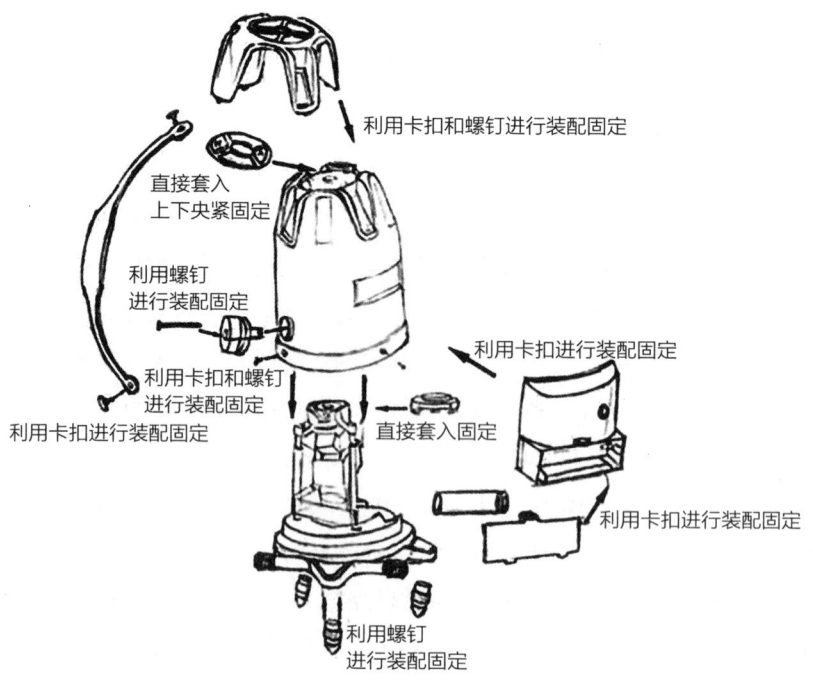

图12-2　学生绘制的产品爆炸图

和反复修改与迭代，使学生从内心深处建立职业的敬畏感。在设计过程中也不断强调产品选择可持续性的材料，培养学生的职业道德与社会责任感。

在模型制作与用户测试阶段，通过艰苦的模型制作过程，培养学生的动手能力，培养学生精益求精的工匠精神。工匠精神是理性熏陶下工业文明的产物，指的是具备专注细致的专业精神、忠诚献身的职业态度、乐于技术的人文素养。通过制作模型进行用户测试，并记录用户反馈意见，作为设计进一步改进的方向。

在参观企业环节，提前布置思考题，如"职业发展过程中的人格要素"，让学生带着问题去参观。通过与设计公司合作建立教学实践基地，让学生有机会实地考察设计工作环境，学习设计流程管理及设计前沿知识，为学生从课堂走向社会提供有效的设计体验锻炼平台。

三、典型教学节段教学组织案例

下文以"提出现有产品存在的问题"中的"3.2 从产品自身的功能定位、市场定位、结构设计等方面发现问题"为例，详细说明具体教学组织过程是如何展开的。

（一）课前——思政导入

1. 时间

课前2~3天。

2. 学习内容

中国品牌的崛起，参考学习澎湃新闻《中国品牌崛起的背后》（2020-5-11）。

3. 具体实施

（1）学生自行上网查看《中国品牌崛起的背后》，分析品牌建立的因素。

（2）分析小家电市场美的、九阳、苏泊尔以及后起之秀小熊、北鼎的品牌定位。

4. 达成目标

通过查看中国逐渐走向世界的品牌，了解背后的故事，增强民族自信。通过分析同类型产品之间不同的定位，使得学生能对设计定位方法有初步的理解。

（二）课中——思政元素贯穿

1. 时间

90分钟。

2．学习内容

（1）市场定位，市场细分的方法、定位分析方法。

（2）品牌研究包括图式记忆、品牌关键词描述法、品牌形象构成。

（3）竞争对手研究。

（4）趋势研究。

（5）依据用户体验、拆机报告提出产品存在的问题。

3．具体实施

（1）理论讲授。

（2）思政元素挖掘。

结合设计命题，充分挖掘思政元素，提出工业设计专业不仅关注外观造型，而是从内至外的美。

首先，从中国品牌建立的故事讲起，引起学生的民族自豪感与自信心，培养学生的家国情怀与社会责任感。

其次，在设计定位分析方法中，注重从访谈、观察、问卷、实验等定性、定量的方法，以科学、思辨的逻辑思维去分析。而在学生进行设计定位时，采用小组讨论的方式，分析设计定位与目标，避免设计脱离现实。

最后，在现有产品拆机环节中，采用小组形式，一步步进行分解，理解产品的结构设计，一笔一画记录产品内部结构，避免学生对产品内部结构不了解而过于天马行空的设计，从而培养学生的工程素养与意志品格。如图12-3所示为课程教学内容与思政元素的对应关系。

4．达成目标

教师通过理论讲授演示设计定位方法，使学生掌握设计分析方法，并从思政元素挖掘培养学生的爱国情怀与科学精神。

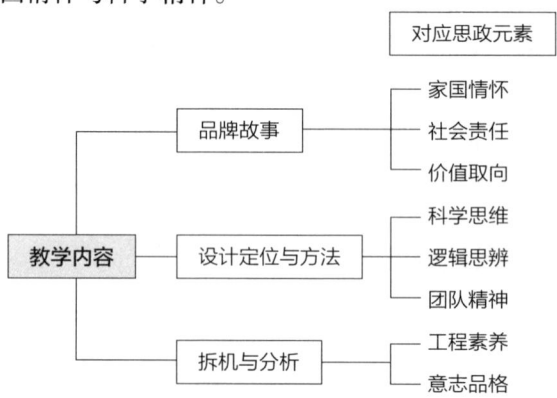

图12-3　课程教学内容与思政元素的对应关系

（三）课后——总结反思与展示交流

1. 时间

机动。

2. 学习内容

请学生根据课堂讨论和头脑风暴的结果，在课后进一步深化，明确目标人群与设计定位。

3. 具体实施

（1）采用Persona方法，跟现有品牌差异化发展，满足目标人群需求。

（2）试用产品，并动手拆机，记录各个零部件形态、材料及功能，以科学理性的态度对待产品改良。

4. 达成目标

将产品改良设计与品牌建立与优化建立起来，激发学生的爱国情怀，让学生自己动手拆机，避免学生的设计脱离实际，培养学生的工程素养。

四、部分优秀设计成果

成果展示如图12-4~图12-14所示。

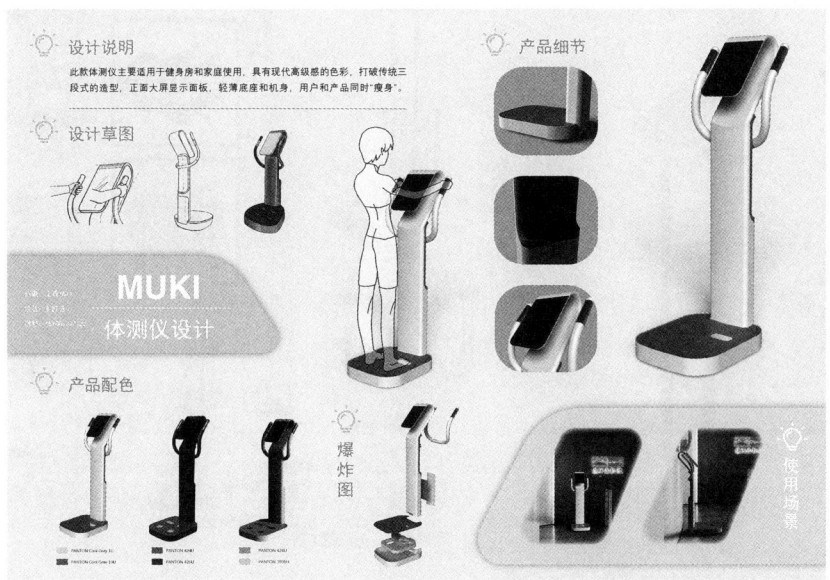

图12-4　体测仪设计

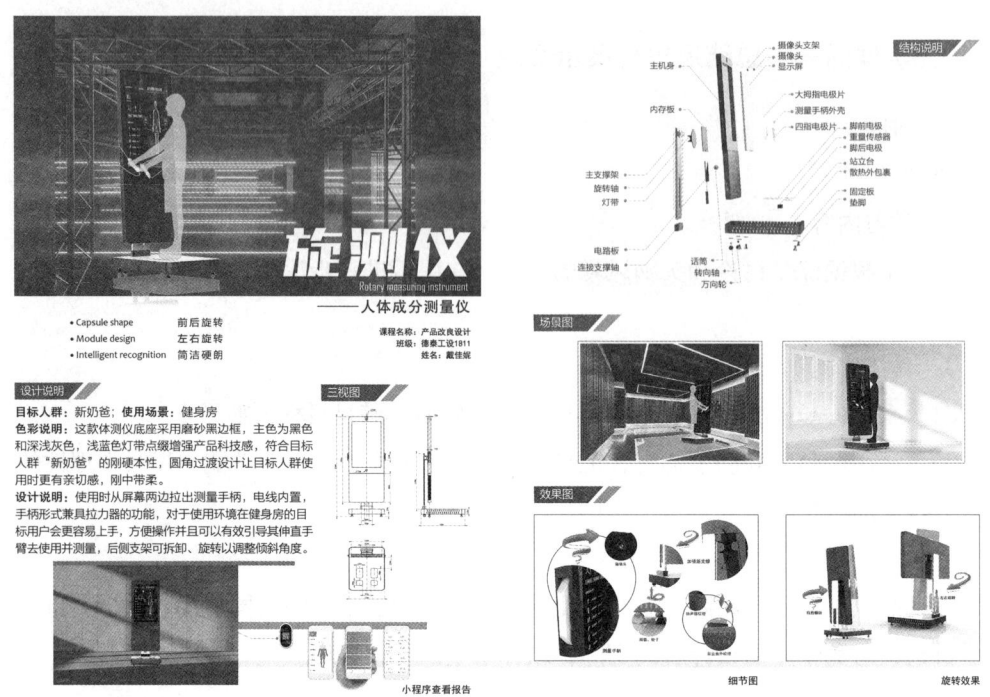

图12-5　人体成分测量仪设计

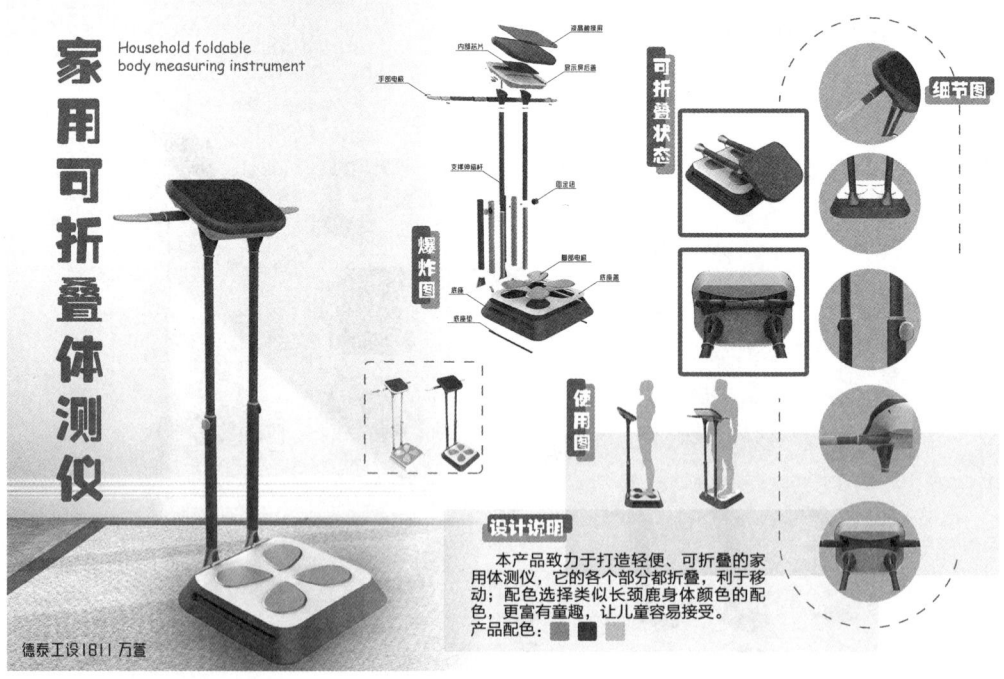

图12-6　家用可折叠体测仪设计

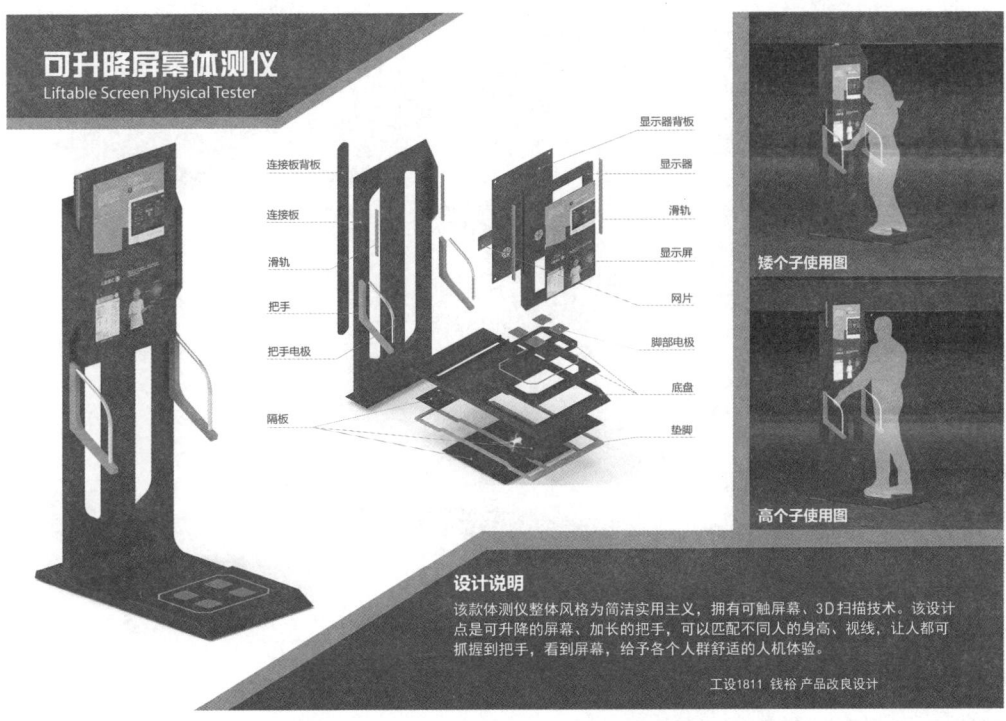

图12-7 可升降屏幕体测仪设计

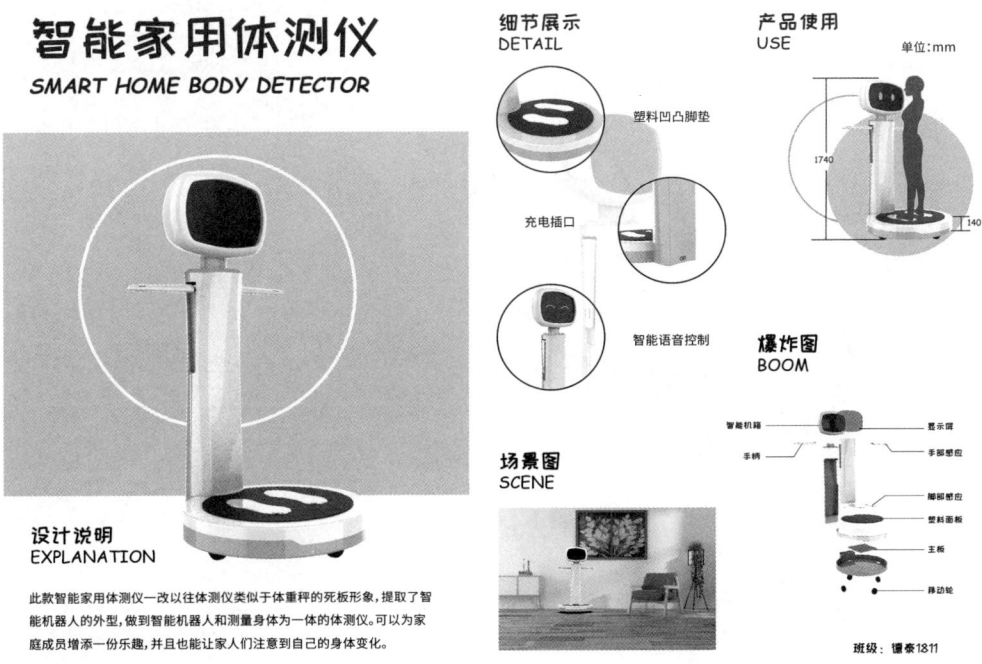

图12-8 智能家用体测仪设计

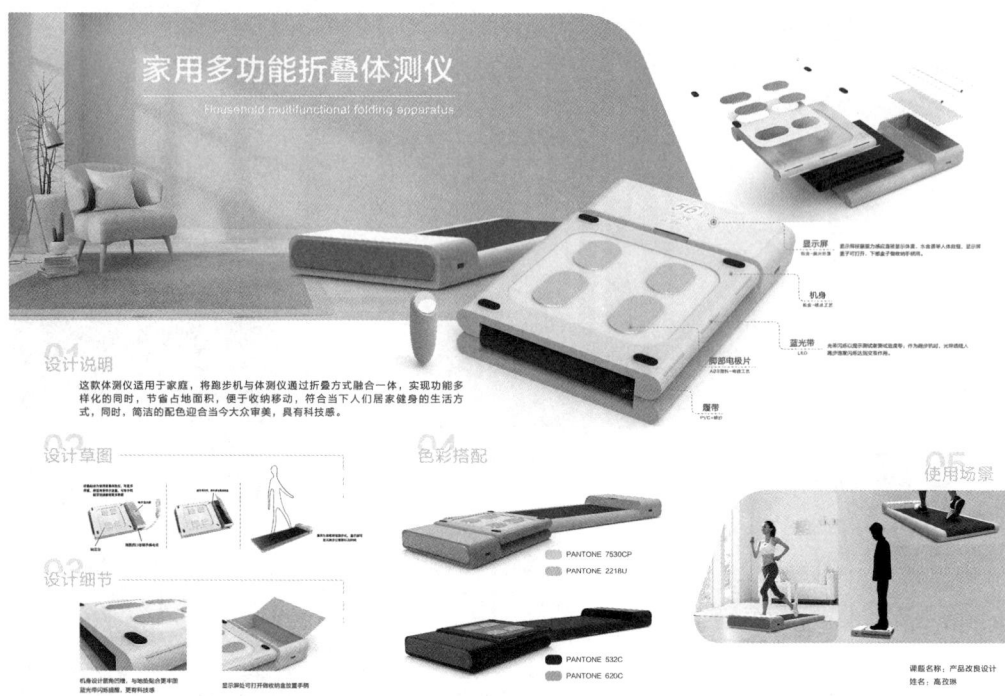

图12-9 家用多功能折叠体测仪设计

图12-10 人体成分分析仪设计

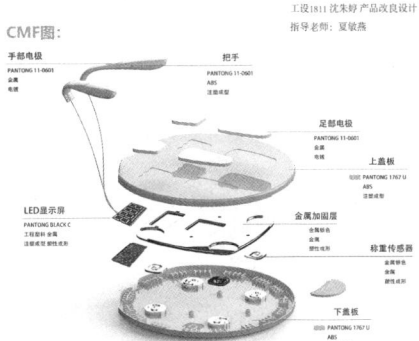

 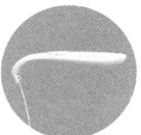   

图12-11　家用儿童体测仪设计

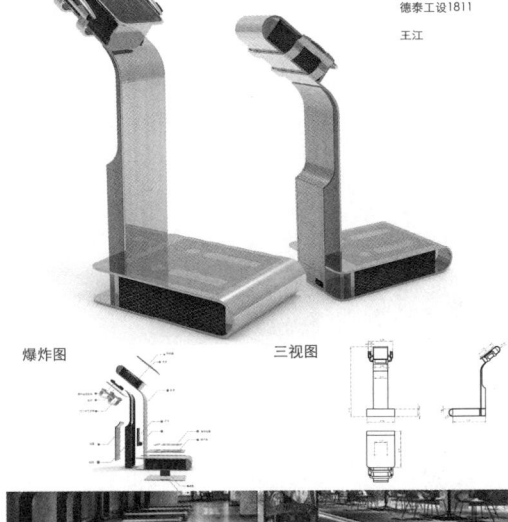

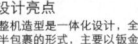

图12-12　健康管理产品设计

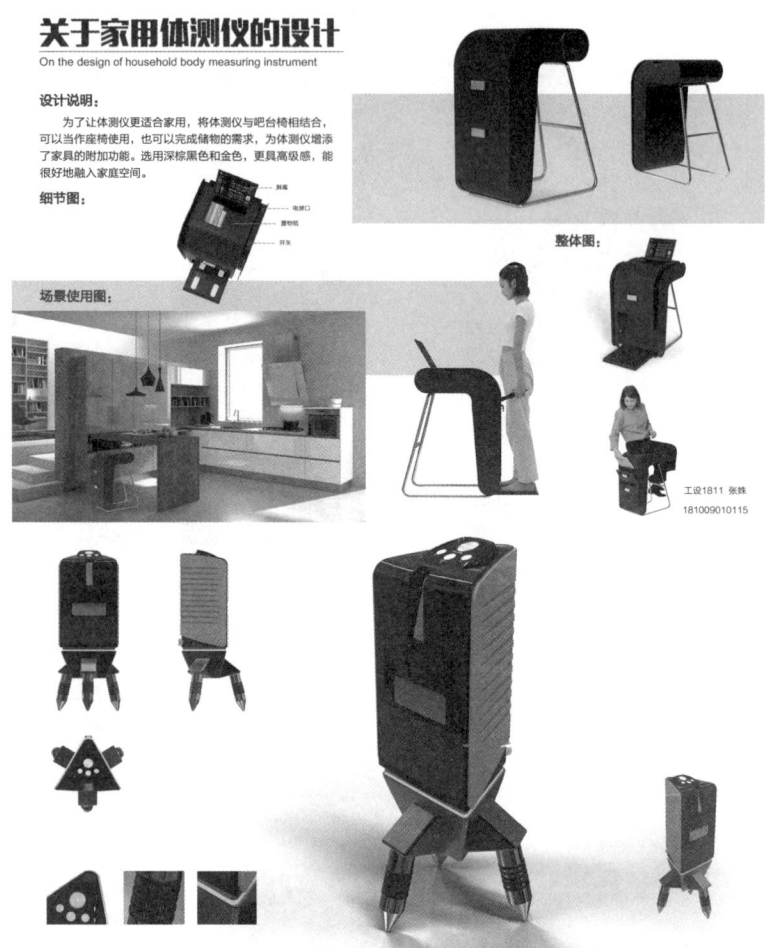

图12-13 家用体测仪设计

图12-14 激光投线仪设计

五、课程思政教学总结与成效

通过专业课程融入思想政治教育，通过"市场为依托，项目为载体"的工作室教学模式，让学生学习到某一类产品的整体开发流程，完整的设计实践有利于学生获得相对完整的知识结构，塑造大局观，优化学生职业道德、岗位角色，培养创新创业意识。严格按照设计要求完成作业，可以使学生在学校期间养成讲求工作效率、注重研究、注重设计质量的习惯，为毕业后走向社会打下坚实的基础。当然，思想政治教育进专业教学，并不是将所涉学科戴上"思想政治教育"的帽子或穿上"思想政治教育"的鞋子，实行本末倒置的移花接木，而是将"思想政治教育"的理念融入专业教学。

参考文献

[1] 中共中央马克思恩格斯列宁斯大林著作编译局. 马克思恩格斯选集（第1卷）[M]. 北京：人民出版社，2012.

[2] 王学俭，刘珂. 融入日常生活：思想政治教育的微观建构[J]. 思想教育研究，2015，（2）：18-22.

[3] 徐士元. 专业实践教学中思想政治教育的植入[J]. 思想教育研究，2012，（4）：26-29.

[4] 胡冰，李小鲁. 论高职院校思想政治教育的新使命——对理性缺失下培育"工匠精神"的反思[J]. 高教探索，2016，（5）：85-89.

[5] 张耀灿，钱广荣. 思想政治教育研究范式论纲[J]. 思想教育研究，2014，（7）：3-9.

第十三章
"视觉传达"课程思政教学实践

张 婷 上海电机学院设计与艺术学院

一、课程基本情况

"视觉传达"是我校数字媒体艺术专业的一门承上启下的专业核心课程。学生学习本课程后应能掌握视觉传达的基本理论、设计原理和设计方法,并应用于设计实践,培养其未来从事数字媒体以及平面设计、界面设计、包装设计、展示设计等职业的能力。

根据课程思政的指导精神,将教学目标分解细化为知识掌握、能力培养和人格塑造三个层次:

目标1:知识掌握。掌握视觉传达的基本内容和主要设计方法,掌握视觉传达的形式规律与法则,了解视觉传达的基本理论体系,了解专业前沿发展和动态,并将中国传统文化和价值体系的元素融入,增强文化认同。

目标2:能力培养。系统掌握视觉传达的基本要素——文字、符号、色彩、编排等,掌握基本的设计原理及手段,通过项目实践,将视觉传达相关知识具体应用在设计实践中,培养解决复杂问题的综合能力和高阶思维,着重分析和介绍当下国内优秀案例,增强文化自信。

目标3:人格塑造。通过分组合作完成实践项目,培养团队合作精神、创新意识、社会责任感等。通过课程案例和深入讨论,培养尊重和认同传统文化及思想价值体系的文化自信,以及"家国情怀、设计担当"的使命感。

二、课程思政融入教学内容设计

(一)教学设计

根据布鲁姆认知理论和知识能力人格KAQ理论设计混合式教学过程,如图13-1所示。包括线上学习、线下课堂互动和课程设计。前两者构成混合式教学的基本模式,设计类课程依托项目实践的课程设计教学也非常重要,主要通过线下进行,同时在以上全部环节潜移默化融入思政元素,达到思政育人的隐性目标。

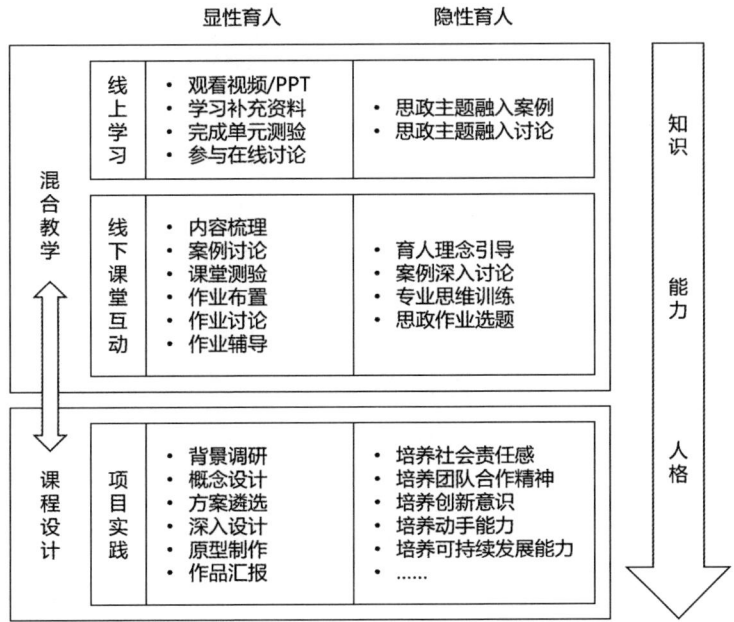

图13-1 教学设计

(二) 思政元素融入

通过线上学习、线下课堂互动和课程设计,显性育人和隐性育人双线并行,在各个教学环节潜移默化地融入思政育人理念,培养学生尊重和认同传统文化及思想价值体系的文化自信,以及"家国情怀、设计担当"的使命感,并进一步将这些思政德育元素有机融入课程的教学内容中,如表13-1所示。

表13-1 思政元素有机融入课程内容

序号		内容		思政育人元素融入	预期效果
1	第一讲	视觉传达概述	视觉世界	融入中国视觉艺术的历史、手法与特点,建立对视觉传达的宏观理解和认知	了解中国国情,提升文化自信
2			什么是视觉传达		
3			什么是视觉传达设计		
4	第二讲	图形色彩	图形	融入对中国传统文化中的吉祥图案和吉祥色彩的介绍	对中国传统文化的理解和认同,融入设计中
5			色彩		
6	第三讲	标志设计	标志设计怎么来的	通过华夏银行、中国铁路、中华全国律师协会、一带一路、奥运会等标志案例的介绍,激发学生对传统文化的尊崇和民族文化的自信	培养尊重和认同传统文化及思想价值体系的文化自信
7			标志设计怎么做		
8			标志设计发展向何方		
9			标志设计实践		

续表

序号		内容	思政育人元素融入	预期效果
10	第四讲	企业形象设计	为什么要学习企业形象设计	通过对企业形象设计的民族化原则的讲述，结合华为等民族企业形象设计案例，说明民族文化元素在企业形象设计中的应用，激发学生对民族企业、中华文化的自豪感	培养对民族企业、中华文化的自豪感，传承中华文脉，坚定文化自信，增强政治认同，弘扬传统文化
11			企业形象设计是什么		
12			企业形象设计怎么做		
13			企业形象设计实践		
14	第五讲	广告设计	广告设计是什么	融入爱国主义、公益主题案例，结合设计表现手法潜移默化为学生进行讲解	传播时代审美，传承中华文化、树立文化自信
15			广告设计有什么特征		
16			广告设计有哪些类别		
17			广告设计怎么做		
18	第六讲	空间视觉传达——展示设计	展示设计是什么	通过对上海世博会展示设计的具体介绍，增强学生对中国文化和中国设计的自豪感	培养"家国情怀、设计担当"的使命感
19			展示设计怎么做		
20			展示设计的发展趋势		
21	第七讲	空间视觉传达——指示系统设计	指示系统设计是什么	通过对北京奥运会、上海世博会等各类活动中的指示系统设计的介绍，增强学生对中国文化和中国设计的自豪感	培养"家国情怀、设计担当"的使命感
22			指示系统的图形、色彩、文字、其他因素		
23			指示系统的发展趋势		
24	第八讲	综合项目实践	背景调研	通过分组作业培养团队合作精神；通过不同阶段的实践操作，加强实践动手能力；通过引入真实用户，开展社会调研等方式，培养学生综合能力和社会责任感	培养团队合作精神、综合能力和社会责任感，树立良好的品德和完整的人格
25			概念设计		
26			方案遴选		
27			深入设计		
28			原型制作		
29			作品汇报		

三、典型教学节段教学组织案例

下文以"第三讲 标志设计"为例，详细说明具体教学组织过程是如何展开的。

（一）课前

1. 视频学习

依托超星学习通平台，学生提前完成2个学时的理论知识学习。

2. 课前测试

线上知识点学习完毕后，学生需要完成章节测验，检验学习效果，发现的问题可以带入课堂讨论。例如"标志设计"单元围绕"标志的设计原则""标志的发展趋势"进行了测验。

3. 课前讨论

组织线上专题讨论，激发学生的学习兴趣，对于学生感兴趣的话题，可以带入课堂讨论。例如"标志设计"单元组织的讨论是"你觉得标志未来的发展趋势将是怎样的？"

通过课前线上学习、测验和讨论的情况，可以看到学生对标志设计单元很有学习兴趣，通过线上自学掌握了标志设计的相关理论，学习了优秀案例，但从讨论中看到学生的思维缺乏一定的深度和高度，需要到课堂讨论环节进一步提升。

（二）课中

进入线下课堂教学，教师首先进行课程导入，回顾线上知识点，并结合课堂小练习掌握学生自学情况。展开形式丰富的课堂教学，具体教学方法和手段如下。

1. 视频引入

例如，在分析上海四行仓库抗战纪念馆的标志设计时，首先播放《八佰》电影预告片，以中华民族这段不屈的历史激发学生的家国情怀。

2. 投票和辩论

例如，以2008年北京奥运会申报标志和最终标志作为案例，分析其设计特点，强调中华文明应有自己的文化自信，然后以举手投票的方式请学生表明自己更喜欢哪个标志，面对结果组织随堂辩论，增加学生思维的深度和高度。

3. 分组讨论工作坊

以工作坊形式，学生分组讨论，组员每人举出最欣赏的一款标志设计方案，列出喜欢它的理由，和组友交换意见，最后总结一款好的标志设计应具备的要素，各组以击鼓传花的方式，轮流不重复地说出一个要素，直到说不出为止，然后教师总结。学生通过师生互学、生生互学，更牢固地掌握知识点。

4. 项目实践

线下的项目实践包括实践和实验。首先个人完成个人形象标志设计，然后以分组的形式将标志通过丝网印刷印在织物上。

5. 项目汇报

实践过程中，通过项目汇报、生生互评、教师点评等，促进学生对知识和技能的理解和掌握。

（三）课后

以线上形式撰写报告、提交作业、交流辅导。通过学习通发布和回收作业。通过微信课程群进行交流讨论和辅导。

四、部分优秀设计成果

成果展示如图13-2~图13-5所示。

图13-2　理想照耀中国（第十二届全国大学生广告艺术大赛上海赛区三等奖，龚芸婕）

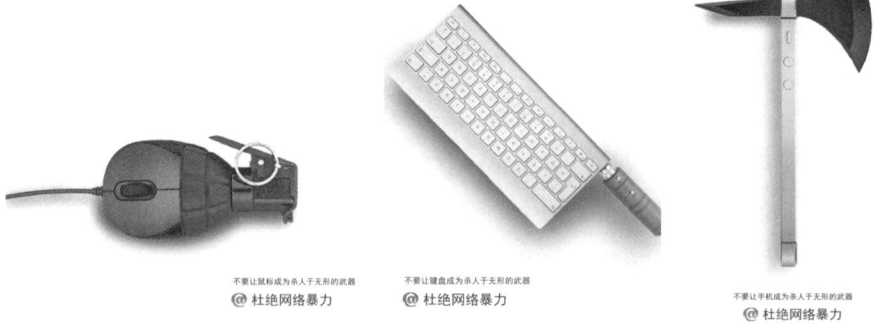

图13-3　杜绝网络暴力（第四届汇创青春视传类二等奖，朱琦）

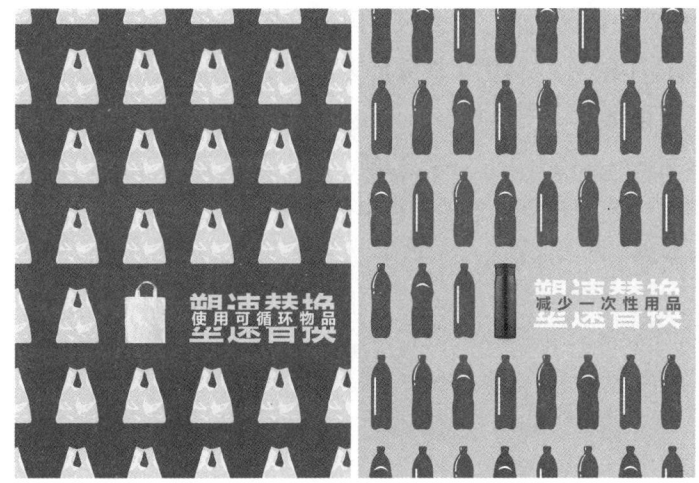

图13-4 塑速替换（第四届汇创青春视传类三等奖，王晓雪）

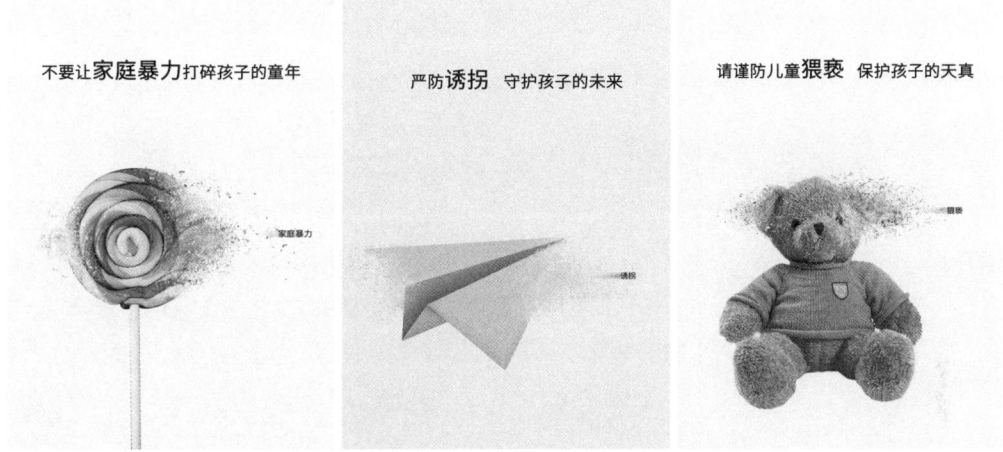

图13-5 保护我们的孩子（第五届上海市大学生公益广告大赛铜奖，陈一格）

五、课程思政教学总结与成效

"视觉传达"课程自2017年起展开教学改革和课程思政建设，持续改进，依托校级线上线下混合式一流课程培育项目、校级思政研究课题支持，取得了一定的建设成效。

教学成果显著，学生课程作业获全国大学生广告艺术大赛上海赛区一等奖1项、三等奖1项、"挑战杯"上海市大学生创业计划竞赛铜奖2项、"互联网+"大学生创新创业大赛上海赛区铜奖2项，以及上海市大学生公益广告大赛铜奖、优秀奖、"汇创青春"上海大学生文化创意作品展示活动视传类一等奖、二等奖、三等奖等奖项。参与课程的学生后续国内外读研和就业情况良好，多人被英国伦敦艺术学院、中国传媒大学等国内外一流院校录取读研，用人单位对学生视觉传达领域专业技能表示满意。

通过课程思政建设，已逐渐形成一支思想素质好、教学水平高、结构合理的教学队伍，团队教师获校教学成果一等奖1项、二等奖2项、教学优秀奖4人次，以及市级、校级各类教学竞赛奖项8人次。团队教师获得全国大学生广告艺术大赛上海赛区、上海市大学生公益广告大赛、"汇创青春"上海大学生文化创意作品展示活动的优秀指导教师荣誉6人次。

第十四章
"设计文化考察"课程思政教学

郑家义　上海电机学院设计与艺术学院

一、课程基本情况

"设计文化考察"是产品设计专业的一门基础课程，课程总学时为40学时，2学分，面向本科一年级学生开设。本课程立足"立德树人"的课程教学目标和一流课程标准，以学生为中心，帮助他们在知识、能力和思想层面得到全方位提升。课程教学内容紧紧围绕"文化考察和艺术采风"这一核心，以室外教学课程为主，通过前期的艺术美学基础学习，引导学生走出教室，深入自然、社会，探求艺术美的各种外在和内在的形态。通过教学，培养学生使其具备审美的基本素养、较高的审美鉴赏能力和审美创造能力。提高学生审美塑造的自觉性和在社会生活中审美实践的能力。

原有课程教学目标是培养和巩固学生的观察能力、思维能力、绘画表现能力和设计表现能力；通过课程学习提高学生的思维能力，善于发现问题、分析问题和解决问题的综合设计实践能力。这样的目标设定仅着眼于学生专业知识体系的建构，没有高度重视对学生德行的塑造。根据课程思政的指导精神，教学团队把握课程思政重点内容，科学设计本课程的课程思政目标，优化课程思政内容供给，将教学目标分解细化为知识目标、能力目标和思政目标三个层次。

二、课程思政融入教学内容设计

（一）思政元素梳理

教学团队立足课程的教学大纲和课程目标，在社会发展、国家战略和全球视野的大背景下将专业教育和思政教育进行有逻辑的结合，在专业教育中有机融入思想政治教育元素。分析梳理专业教育和思政教育的育人要素，并寻求这两类育人要素之间的内在关系，由此确立课程思政育人要素重点内容。将思政融入专业课程教学，切实提高学生全面发展的育人制度。本课程将重点以中国特色社会主义理论为指导，将道路自信、理论自信、制度自信、文化自信融入课程，增加大学生的"四个自信"和创新创意能力。主要从以下两个方面融入思政元素。

课程从单纯的风景写生深入到文化内涵的挖掘。将风景的形式美感和民族文化的深厚内涵紧密结合，增强课程的文化内涵和学生的文化自信。

课程重点培养学生主动学习的能力和创新创意能力。课程教学深入山川、乡村、厂区、公园等自然人文景点，引导学生主动学习，面对室外大千世界，巧妙的构思、创意的表现、理念的表达都是对其创新创意能力的锻炼和培养。

（二）思政元素融入

通过对专业教育和思政教育的育人要素分析，确立了课程思政育人要素的重点内容，并进一步将这些思政德育元素有机融入课程的教学内容中，如表14-1所示。

表14-1　思政元素有机融入课程内容

序号	课程模块	知识单元	小单元内容	思政元素切入点	预期效果
1	基础模块	第一章 课程概览	1.1 设计文化考察的课程概述	让学生了解中国传统文脉，通过中国风景建筑园林等构造的历史、手法与特点，建立对课程的宏观理解和认知	了解中国的文化艺术特征，提升文化素养
			1.2 课程的学习方法及意义	引导学生基于家国背景和全球视野理解课程体系与框架，掌握课程的学习方法，明确课程学习的意义	培养客观理性的思维特质、求真求实的工作作风、探索创新的价值取向，传承中华文化
		第二章 博物馆、城市乡村艺术考察	2.1 博物馆艺术考察	引导学生从艺术的、设计的角度了解民族文化、造型思维	培养学生文化自信，构建传统艺术的知识架构
			2.2 城市、乡村艺术考察	引导学生树立积极的设计文化价值观，传统文化生长在我们身边的万事万物中，作为设计专业学生，深挖万事万物的文化内涵、形式元素、美学价值等是课程重要的教学目标	积极培养学生自觉、主动地关注国家、文化、传承等的责任担当和科学有效的学习方法
2	实践模块	第三章 绘画表现实践	3.1 速写表现实践	培养学生循序渐进对物体进行造型的能力，以及对细节的观察与思考	培养科学严谨的治学态度
			3.2 色彩表现实践	树立学生艺术造型色彩表现的系统观，理解事物之间的色彩关系	建立形象思维的系统观，加强全域视野和大局意识，培养学生深入社会的实践意识

续表

序号	课程模块	知识单元	小单元内容	思政元素切入点	预期效果
3	总结展示模块	第四章 实践展示	4.1 课程总结	引导学生将有机造型语言融入艺术表现，体会艺术与自然的和谐	树立人与自然的和谐发展观
			4.2 作品展示	引导学生关注自然、关注社会，描绘美丽乡村、美丽城市	社会主义核心价值观引领，培养学生作为国家主人和社会主体的自觉意识，以及人与自然的和谐意识
			4.3 作品宣讲	强调地域文化、传统文化等要素在艺术作品中的表现，引导学生深入社会、了解自然与人的关系	培养学生的严谨、科学的造物理念

例如，在绘画表现实践环节，让同学们从两个方面着手：

（1）美丽乡村，乡村的生态、文化遗产等。

（2）城市让生活更美好——城市建筑、风景、人文遗产等着手，建设中国特色社会社会主义新文明。

三、典型教学节段教学组织案例

下文以"第二章 2.1博物馆艺术考察"教学节段为例，详细说明具体教学组织过程是如何展开的。

（一）课前——思政导入

1. 时间

课前2~3天。

2. 学习内容

（1）中国文化艺术的价值认识梳理。提出问题：当下我们身边的设计中有哪些是我们理解的中华文化传承？博物馆和艺术馆的价值对于学习设计的同学主要体现在哪些方面？你是怎么认识和理解自己民族的传统艺术作品的？

（2）中华文化五千年，人文工艺作品非常多，我们是否可以汲取养分？怎么汲取养分？外国人是怎么对待我们的文化艺术品的？请同学们搜集资料，研究外国人掠夺、收集、研究、展示中国文化艺术品的事例。英国的大英博物馆、法国的卢浮宫、美国的大都会博物馆、日本的东京国立博物馆等艺术馆里的中国艺术品，外国人是不是很膜拜这些展品？

（3）选择一个自己喜欢的艺术品，搜集资料，试着研究、分析艺术品的历史价值、文化价值和艺术价值。

3. 具体实施

（1）教师组织学生带着问题搜集资料，学生选择参观上海各类博物馆，通过图绘、记录、拍摄完成基础调研。

（2）学生针对目标研究对象，搜集各类资料，记录地点、时间、艺术品、故事等，梳理整个调研的流程和节点。形成比较完整的考察报告。研究针对具体问题开展，例如哪类艺术品、外国人对待中国艺术品的态度、艺术品的文化艺术价值、当下的传承情况等。

4. 达成目标

通过多维度、多途径的信息输入方式使学生建立整体概念框架，学生进一步明确，通过对比研究我国传统文化、艺术品价值，在当下经济快速发展的环境下，增强学生文脉传承责任感，增加学生民族文化艺术自信心。

（二）课中——思政元素贯穿

1. 时间

90分钟。

2. 学习内容

（1）博物馆实地考察：艺术审美教育需要对大量的优秀艺术作品观看、体验、交流等，绝不能闭门造车，自己"陶醉"。培养学生通过观看、研究优秀艺术作品，拓宽艺术文化视野，探寻更多的艺术创意表现方法。

（2）艺术品的文化考察：不同艺术品在不同时代背景下的文化价值研究。在当时经济和文化发展的情况下，艺术品的文化价值体现。

（3）艺术品的造型意义：不同艺术品在不同时代背景下的造型研究。在当时经济和文化发展的情况下，艺术品的造型为人服务的价值。

（4）手绘实践。

3. 具体实施

（1）理论讲授。

（2）思政元素挖掘。通过调研可以发现，国外的博物馆藏有大量中国艺术品，侧面反映他们对我们文化艺术品的膜拜，身为当代设计类学生更应该珍视我们的民族文化艺术宝库。

在国内，文化艺术品越来越受到重视，我们不仅要保护还要好好传承，如何传承，先从研究开始，研究先从调研开始，调研可以先从手绘开始。民族的就是世界的，民族艺术中的绘画、设计元素是什么，正是我们本次课重点研究的内容。比如，明代的家具，宋代的瓷器，元代的山水画等。

（3）选取艺术品进行讲解。选取优秀的艺术品举例讲解。

（4）学生分组调研实践。

（5）调研成果交流。推选小组成员代表，向全班同学演示本组调研成果。展示过后学生之间进行互动投票。请学生根据展示交流情况，为优秀作品投票，积极创造学生自我评价和同伴互评的机会，并向学生公布教师清晰合理的评价规则和标准。

（6）总结回顾。重新梳理本节段授课内容，帮助学生及时回顾理论及实践应用过程。

4．达成目标

教师通过理论讲授、学生实践调研和思政元素挖掘，使学生掌握艺术品调研的整体设计逻辑与框架，并充分发挥传统艺术品的价值在当下设计实践中的积极意义。

（三）课后——总结反思与展示交流

1．时间

机动。

2．学习内容

请学生根据调研内容头脑风暴的结果，在课后进一步细化方案，为后续的调研和研究打下坚实的基础。

3．具体实施

（1）通过案例和现实引导，开展以问题为导向的探索性学习，使学生掌握中国传统文化孕育下的艺术造物法则，增强民族自豪感和社会担当意识。

（2）组织调研作品展示，将学生制作完成的作品版面和实物进行线下和线上的集中展示，再次宣传和扩大社会影响力。

4．达成目标

让学生将伟大民族复兴和爱国主义情怀与博物馆展品和内涵有机结合，将中国的传统文脉传承下去。思考传统文脉和设计思维的深刻内涵。

四、部分优秀设计成果

近几年，在教学中带领学生深入江西婺源、上海浦江两岸、上海临港新片区等地实地写生实践，帮助学生在掌握自然景观的整体的基础上，观察美丽乡村、城市新空间等的精彩瞬间，在行动中、实践中铸牢学生的民族自信模式、综合运用客观形态表现、色彩表现、空间构造等专业知识的基础上，用手中的画笔记录心（图14-1~图14-3）。

图14-1　城市新空间/丙烯

图14-2　它川晚景/丙烯

图14-3　新片区新貌/丙烯

五、课程思政教学总结与成效

"设计文化考察"课程教师团队围绕设计文化和绘画艺术的基础知识与原理技法,深入挖掘与课程思政相关的元素,将思政元素如春风化雨般渗透到教育教学全过程,做到"无缝连接,丝丝入扣",使教育教学更有温度、思想引领更有力度、立德树人更有效果。

(一)丰富课程内涵,提升学生的民族文化自信

设计文化考察是室外实践课程,是学生艺术审美教学的重要载体,也是设计专业学生设计思维培养、设计素材收集、设计内涵提取等的重要组成部分。基于此,我们将课程以单纯的风景写生考察更新到以博物馆美术馆考察—风景写生实践—课程展示及文化考察的立体教学模式中去。

(二)转变教学模式,增强学生审美自信

教学模式从注重知识传授的"以教为中心"向"审美、知识技能、创造力"并重的"以学为中心"教学模式转变;从教学形式单一、分散到全方位"立体"式教学投入的机制转变。形成了学生从"喜欢美"的单一层次体验到"感受美""深入美""抽象美""创造美"的更深层次审美素养转变。在面对生活中形形色色的事物时,有自己基本的审美判断,能自觉排斥低级趣味的事物,将自己的情操、修养、价值观提升到较高级阶段,增强学生的审美自信和文化自信。

(三)优化课程选题,关注设计前沿,为社会主义建设贡献更优力量

以学生审美能力与设计能力培养为首要目标,同时关注设计文化前沿;结合当下设计助力乡村振兴发展战略以及城市文化软实力建设内涵等为课题;弘扬正能量,将社会主义新农村和人民城市作为描绘对象,展现当下中国特色社会主义的美好生活。在设计文化考察课程中弘扬民族文化,凝聚爱国精神。

第十五章
"产品创新设计"课程思政教学实践

侯 佳 上海电机学院设计与艺术学院

一、课程基本情况

"产品创新设计"是产品设计专业的核心课程,课程总学时为128学时,8学分,开设于所有专业理论课程之后、毕业设计(论文)之前。课程以设计实践为依托,以设计项目为载体,以"实题真做"为核心,模拟企业设计流程,将课程理论知识点拆解到设计调研、设计构思、设计制作及设计呈现与评价四个阶段中,与能力点有机结合,使学生理解不同类型产品的设计要素与创新原则,掌握产品创新设计的方法与程序,提升学生的综合创新思维与设计实践能力,培养复合型应用创新人才。

"产品创新设计"课程思政教学旨在尊重课程自身建设规律的前提下,在实现创新思维方法等理论知识传授及创新设计实践能力培养的基本功能上,挖掘并显现专业课程的价值引领功能。"产品创新设计"课程思政教学不仅局限于课堂内将思想政治教育的原则、核心内容与要求传输给学生,更包括在思想政治教育原则指引之下,立足学校人才培养特色,对专业课程内容进行深度开发,充分挖掘课程思政中的政治信仰、理想信念、价值理念、道德情操、精神追求、科学思维等方面的德育元素,科学规划和有序开展思想政治教育。

二、课程思政融入教学内容设计

(一)思政元素梳理

1. 坚定学生的文化自信

在"产品创新设计"课程思政教学中,通过对中华传统文化、民俗文化、地域文化开展的设计经典案例的解读,融入思想政治教育,引导学生感知传统文化的魅力、继承中华文明、弘扬民族特色、提升文化自信、成就中国风格,树立凭借"设计之力"建设社会主义现代化强国、实现中华民族伟大复兴的坚定信念。

2. 引导学生建立正确的价值观

将"产品创新设计"课程实践的命题作为课程思政的融入点，通过课程思政教学引导学生把国家、社会、公民的价值要求融为一体，教师通过对设计环节中各种互相制约因素平衡与抉择的引导，包括产品开发与生态保护、商业利润与人本需求、材料结构与资源开发、加工工艺与环境污染、生产成本与产品品质等方面，帮助学生树立正确的价值观。将社会主义核心价值观内化为精神追求、外化为自觉行动。

3. 培育学生以人为本的理念

设计理论家巴巴纳克明确提出，设计应该为广大人民服务，而不是只为少数富裕国家服务。同时设计不但为健康人服务，还必须考虑为残疾人服务。因此，设计的根本目的是惠及于民。本课程的综合实践设计中始终强调的以人为本的思维模式，与思政中为人民服务的价值导向高度统一，在这一点上生动完整地诠释了专业课程与思政教学的知行合一。

4. 培养学生精益求精的精神

敬业乐群、忠于职守是中华民族的传统美德，也是当今社会主义核心价值观的基本要求之一。精益求精是每一位设计从业者都必须具备的，对每一个设计细节反复研磨、追求极致的职业品质。凭借设计问题不断地解决与攻破，设计方案持续地修改与完善，以及各阶段的设计成果公开发布与考核，对学生进行课程思政教学，倒逼学生全身心地投入，始终保持认真尽责、执着坚持、勇攀高峰的精神状态，从而帮助未来设计师们树立专注敬业、追求完美的工匠精神。

5. 提升学生的团队协作能力

无论是在校学习时还是工作就业后，产品设计成果都是团队共同劳动的结晶。将本课程于设计实践中以分组讨论、合作设计等形式融入课程思政教育，积极引导学生树立团队合作意识和大局意识，培养协作精神和服务精神。在具备专业知识的基础上、在团队中积极地发挥自身作用的同时，学会与跨专业、跨领域的其他成员交流协作的技巧，善于倾听、尊重他人的意见，吸取他人的建议。

(二) 思政元素融入

通过对专业教育和思政教育的育人要素分析，确立了课程思政育人要素，如表15-1所示。利用教学内容所映射出的德育元素"春风化雨"地输入价值导向。通过一系列设计问题的思考、设计案例的解读、设计方案的实现，将思想政治教育无痕融入教学全过程，同步实现价值塑造、能力培养、知识传授三位一体的教学目标。

表15-1 思政元素有机融入课程内容

序号	课程模块	知识单元	思政切入点及预期效果
1	设计研究	产品创新设计思维的概念及方法产品创新实践方法	1. 理解创新设计的重要性及对于我国发展的意义 2. 通过国内大量的成功案例分析，树立民族自信
2	设计构思	产品草图绘制 计算机辅助工业设计	1. 培养学生探索创新意识，主动获取更深、更广、更新知识的能力 2. 学会从多角度发现问题、看待问题，树立正确的价值观
3	设计完善	设计论证 产品迭代开发	1. 理解环境与设计的意义，树立可持续发展意识 2. 通过设计材料的选择，了解中国传统文化、传统工艺，弘扬民族情怀 3. 通过反复迭代设计，培养精益求精的工匠精神、职业道德与社会责任感 4. 通过项目团队合作的形式，提升学生的设计沟通能力、团队合作精神
4	设计发布	设计说明书制作及设计发布	1. 通过对项目的总结回顾，帮助学生建立事后回顾剖析自我的意识 2. 通过项目发表，培养学生逻辑思维及口头表达能力，同时树立自信心

（三）思政语境创设

通过产品创新设计项目选题的设定，可以有意识、有计划地在专业课程中营造思政的环境与氛围，将专业教学与思政教育对接互融。教师可通过人群分析、技术研究、方案构思等一系列设计活动，引导学生自主探索选题所涉及的思政领域，并以间接内隐的方式传递主流政治理念、思想意志及道德标准，实现专业课程的育人功能最大化。

（1）开设以理想信念教育为核心，围绕革命历史的选题。例如围绕红色文化的产品创新设计选题，就能有效地将党的基本理论和基本路线教育，中国革命、建设和改革开放的历史教育引入课程。摒弃枯燥乏味的照本宣科，以项目引领的方式，促使学生主动学习和研究。学生在充分学习了中国共产党成立的历史背景、中国共产党早期组织活动以及中国共产党第一次全国代表大会召开的全过程，并深刻领会了其蕴含的红色力量之后，设计出了以尺为载体，以建筑外观为主要元素的中共一大会址的文创产品，寓意实现中华民族伟大复兴的梦想近在咫尺。

（2）开设以传承民族文化为重点，专注中华传统的选题。五千多年的历史积淀中，中华民族传统的图案纹样、工艺技术、思想意境等都值得当代设计师开拓创新、传承弘扬。结合中国传统元素的设计选题，不仅能让学生在回望历史中体会中华民族璀璨的文化精髓，感悟中华民族深层的精神追求，更能以古鉴今，在传承中发扬，从而帮助未来的设计师们在国际舞台上树立文化自信。比如，将民族精神教育与改革创新为核心的时代精神教育结合起来，进行新中式家具设计的选题。设计过程中学生们深刻领略到中式家具的气势之宏伟、雕花之丰富、技艺之精湛、寓意之深远，由此迸发的民族自豪感不言而喻。

（3）开设以培养良好道德品质为目标，聚焦社会民生的选题。在专业课程中，积极引导大学生关心社会时事，关爱弱势群体，关注人类发展，从身边的事情做起，从具体的事情做起，着力培养良好的道德品质和文明行为。依托社会民生的设计选题，借助设计前期的实地走访、人物访谈、情景模拟、自身代入等方法手段，让学生有机会体验到不同人群的生活环境和行为模式，并通过正确引导，加速大学生道德品质和法律素质的形成与发展。比如，围绕垃圾分类的设计选题中，学生们通过对垃圾站等地的走访和其他数据的调研，以及对各自以往随意处置有毒有害垃圾等不文明行为的剖析，触目惊心地感受到了环境污染的破坏性，从而转化为内驱动力，从自身做起保护环境。凭借垃圾分类这一体验过程，以人为本设计出对人们现有生活习惯影响尽可能小的垃圾分类模式和产品。

三、典型教学节段教学组织案例

（一）案例章节概述

上海市闵行区马桥镇政府委托的围绕"环境保护与垃圾分类"主题开展的创新设计项目。

（二）案例实施细节

1. 设计调研阶段

本阶段的课程思政目标及实践方法：借助设计前期的实地走访、人物访谈、情景模拟、自身代入等方法手段，让学生有机会体验到不同人群的生活环境和行为模式，并通过正确引导，加速大学生道德品质和法律素质的形成与发展。

（1）带领学生参观马桥镇党建中心和城市规划馆，如图15-1及图15-2所示，使未来的设计师们正确认识社会发展规律，认识国家的前途命运，认识自己的社会责任，确立在中国共产党领导下走中国特色社会主义道路、实现中华民族伟大复兴的共同理想和坚定信念。

图15-1　党建中心学习　　　　　　　　　图15-2　城市规划馆参观

（2）组织学生走访南通市加工生产企业，如图15-3所示，一来使学生切实掌握产品材料与加工工艺等知识；二来让学生直观地感受到，在人口老龄化日趋严重，人力成本持续增高的当下，仅靠OEM的代工模式已无法使企业获得持续的利润，产业转型的迫切性以及设计赋能的重要性不言而喻。

（3）引导学生对垃圾站等地进行实地调研，对各自以往随意处置有毒有害垃圾等不文明行为进行剖析，切身参与到垃圾倾倒、垃圾收集、垃圾运输、垃圾处理的整个过程中。如图15-4所示为学生基于服务设计理念，在对"倒垃圾"这一行为进行深入分析后，绘制的用户旅程图。

图15-3　学生工厂参观

 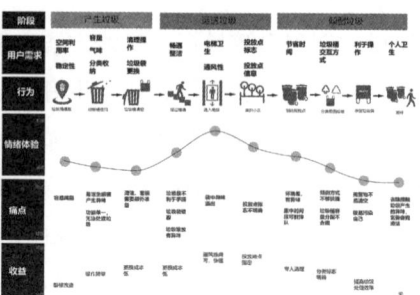

图15-4　学生绘制用户旅程图

2. 设计构思及设计制作阶段

本阶段的课程思政目标及实践方法：积极引导学生运用现代技术、关注弱势群体，通过设计实现人们的愿望，改善人们的生活，强化职业使命，创造中国特色的设计风格。

积极探索校企合作模式，尝试"双导师"教学，聘请企业知名设计师指导设计项目。将前沿技术、市场规律、设计方法、加工工艺、测评标准等知识，结合真实的设计项目传授给学生，助力学生更扎实地掌握设计理论和技能。如图15-5、图15-6所示，经过企业导师的深入指导，学生们正在进行阶段性方案汇报。

图15-5 企业导师针对性指导

图15-6 学生阶段性方案汇报

3. 设计方案呈现及评价阶段

本阶段的课程思政目标及实践方法：通过课程考评，深化思政考核点，反思教学。本课程以设计项目公开答辩的形式，进行多方联合打分。除了对学生的设计项目成果进行专业评价外，还增加了思政考核指标。如表15-2所示，思政评价主体多样，包括学生本人、设计团队成员、辅导员、任课教师、企业导师、甲方代表等，测评指标各有侧重，以保证思政考核的公正性与科学性。如图15-7及图15-8所示，专业教师、马桥政府人员、辅导员等正在对学生的方案汇报进行联合评判。

表15-2 考核指标点

评价主体	评价侧重点
学生本人	学习持久度、专业热爱度
团队成员	人际沟通能力、团队协作精神
辅导员	设计项目相关的社会活动的参与度、课程过程中的知行变化
专业教师及相关从业人员	对传统文化的传承、对弱势群体的关注、对环境资源的保护

图15-7 学生方案汇报

图15-8 现场点评

（三）案例教学总结

相较于其他专业，艺术类学生自身文化素养略低，自控能力较弱，站在潮流的前端，张扬自我，追求个性，崇尚自由，当他们面对形色各异的非主流舆论的冲击时，更易受外界的影响和侵蚀。课程思政育人目标之一在于：引导学生形成和巩固正确的理想信念，包括思想观念、道德信仰、民族情操以及人格意志等方面的培养及塑造。

产品设计，无论是学界还是业界，似乎都弥漫着"唯西方为上"的空气。在学科优势尚未显现的现实前提下，课程思政育人目标之二在于：引导学生树立文化自信、继承传统文明、弘扬民族特色、成就中国风格。凭借"艺术之力"建设社会主义现代化强国，实现中华民族伟大复兴。

本课程旨在扭转专业课程"重知轻德"的现象，秉承"全员、全过程育人"的教育理念，将价值引导融入专业教学，使学生学习成效稳步提升，考核优秀率提高。本选题的设计作品得到WILD DESIGN设计公司、马桥政府等多家单位的认可，如图15-9所示，为减少快递包装废弃物的产生，基于5G技术的可循环利用快递外包装及无人投递车设计在上海市大学生工业设计大赛中获得一等奖。

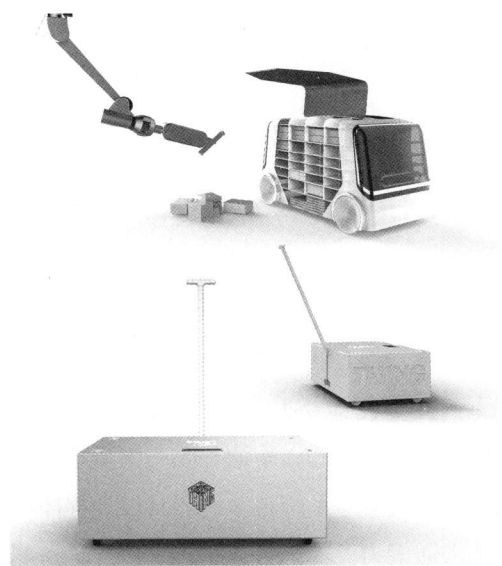
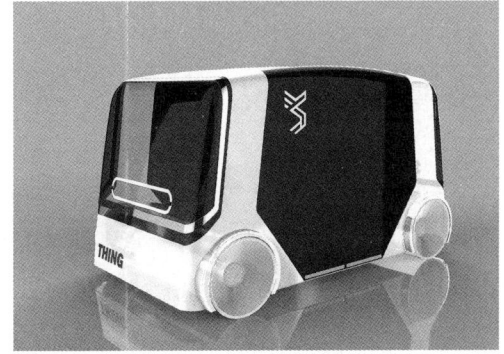

图15-9　学生设计成果

参考文献

[1] 田鸿芬，付洪. 课程思政：高校专业课教学融入思想政治教育的实践路径[J]. 未来与发展，2018，42（04）：99-103.

[2] 习近平谈治国理政：第2卷[M]. 北京：外文出版社，2017：378.

[3] 周胜. 计算机应用基础课程教学中引入课程思政的探索[J]. 电脑知识与技术，2019（33）：77.

[4] 韩宪洲. 深化"课程思政"建设需要着力把握的几个关键问题[J]. 北京联合大学学报：人文社会科学版，2019（2）：3.

[5] 夏敏燕. 思想政治教育在专业教学中的改革实践——以《产品改良设计》专业课程教学为例[J]. 工业设计，2018，（10）：123-124.

[6] 陆道坤. 课程思政推行中若干核心问题及解决思路[J]. 思想理论教育，2018（3）：68.

第十六章
"展示设计"课程思政教学实践

张舒沄　上海电机学院设计与艺术学院

一、课程基本情况

"展示设计"是我校一流本科专业建设点——工业设计专业以及产品设计专业的专业选修课程，课程教学内容紧紧围绕"展示设计"这一核心，本课程是一门融理论、方法、实践于一体的专业选修课。通过课程学习，使学生系统地掌握展示设计程序与方法，激发学生的创新意识，培养学生的设计沟通能力、团队合作精神，使其具备职业操守和社会责任感。课程总学时为48学时，1.5学分，面向本科三年级学生开设。

原有讲授内容主要包括展示设计概论、发展、构成、原理，以帮助学生理解展示设计的构成基础、设计要素，明确不同展示空间的设计要点归纳。理论与思政的融合度未能充分挖掘，一般性理论讲述结束后，即进入实际的设计课题辅导阶段，单一性的针对中国设计案例进行介绍，主要训练学生的动手能力和展示空间设计技能。根据课程思政的指导精神，科学设计本课程的课程思政目标，将教学目标分解细化为知识目标、能力目标和思政目标三个层次，如表16-1所示。

表16-1　教学目标

A知识目标	A1 掌握空间展示设计的方法，并合理结合产品设计，进行有针对性的空间联系，提高对于空间审美鉴赏能力 A2 能对展示场所进行思考与分析并提炼空间设计基本要素、分析空间伦理，构建展示设计空间要素、家居设计等
B能力目标	B1 巩固运用基础造型、计算机辅助设计、用户研究等已学知识与技能进行展示设计的能力 B2 培养空间设计思维以及发现、分析。解决问题的综合设计实践能力，为后续的毕业设计课程打下基础
C思政目标	C1 理解当下展示设计的科学发展，帮助学生树立起社会主义核心价值观。与同此时映入"社会主义核心价值观""发扬优秀传统文化"等相关思政概念 C2 贯彻党和国家的方针政策，结合当下全球一体化背景下，地域文化特色逐渐消失现状，传播中华文化，助力国家信息塑造，帮助学生树立民族自豪感

二、课程思政融入教学内容设计

（一）在设计项目选题上，创造思政语境

本课程开设以树立创新自信为目标，着力于前沿科技与社会民生的设计选题。借助项目引领的方式，通过OBE真实项目驱动，课程中邀请校外导师加入课程共建。学生通过桌面调研、企业走访、情景模拟等设计调研手段与方法，促使学生关注我国的科技发展水平，树立民族自信；关注社会各阶层人群，强化职业使命。积极引导学生运用现代技术，通过设计实现人们的愿望，改善人们的生活，创作中国特色的设计风格。使未来设计师们正确认识社会发展规律，认识国家的前途命运，认识自己的社会责任，确立在中国共产党领导下走中国特色社会主义道路、实现中华民族伟大复兴的共同理想和坚定信念。

（二）在设计项目过程中，融入思政元素

除了在项目选题这一顶层设计上"借题发挥"，有意识地营造思政语境，激发当代大学生的民族自信，关注传统文化，提升职业使命感外，在设计项目的执行过程中，还可以培养精益求精的"工匠"精神。通过一个个问题的提出，一项项难点的攻破，一次次方案的修改，一轮轮项目的答辩，促使学生时刻保持态度上认真，思想上重视，行动上进取，从而养成精雕细磨，尽善尽美的职业美德（表16-2）。

表16-2　思政元素有机融入课程内容

序号	课程模块	知识单元	小单元内容	思政元素切入点	预期效果
1	基础模块	第一章 初识展示设计	1.1 展示设计发展历史概述	让学生了解中国展示设计历史、手法与特点，建立对课程的宏观理解和认知	了解中国国情，提升文化素养
			1.2 认识空间形态与空间的关系	引导学生基于家国背景和全球视野理解课程体系与框架，掌握课程的学习方法，明确课程学习的意义	传播时代审美，传承中华文化、树立文化自信
		第二章 软件教学	2.1 草图大师软件教学 小练习1认识基础工具 小练习2小房子练习 小练习3车站练习 小练习4花架练习 小练习5小木屋练习	培养学生的建模能力，以及室内空间的设计能力。设定一个自己的发展方向以及可期许的目标，能积极向上地面对学习和未来	理论与实践结合，学生调研后与老师进行讨论，在作品完成后进行教学讨论和反思，使他们更明确自己的学习目标以及薄弱环节

续表

序号	课程模块	知识单元	小单元内容	思政元素切入点	预期效果
2	进阶模块	第三章 空间表达与设计	3.1 认识材料的视觉意向、触觉意向	培养学生循序渐进对物体进行空间材料进行分析，以及对细节的观察与思考	培养科学严谨的治学态度
			3.2 掌握材料的色彩及光的应用	树立学生空间设计的系统观，理解事物之间的客观联系	建立科学研究的系统观，加强全域视野和大局意识，培养团结协作的集体意识
			3.3 展示空间的组织结构	校园文化空间优化，运用设计加工手法进行优化设计。要求学生掌握室外空间展示的要素，人体工程学尺寸，以及展示设计中视线的引导设计	在学生掌握点、线、面、体的前提下，要求学生能选择校园中的一处场所进行优化，通过调研和设计提高了学生的空间设计能力以及作为设计师的责任感。同时这是对校园人文关怀的重要体现
3	实战模块	第四章 展示设计与创新体验	4.1 设计调研	积极贯彻"人民城市人民建，人民城市为人民"的重要理念。通过对于老闵行文化的总结和提炼。使学生成为了该文化的传播者同时也是传承者。极大增强他们的社会责任意识和文化传承意识	增强民族自信，坚决拥护中国共产党的领导，发自内心的热爱祖国，理论与实践相结合鼓励学生充分调动积极性，从文化的传播者成长为文化的传承者
			4.2 草图表现		
			4.3 视觉表现		
			4.4 综合讲解		

例如，在讲解空间表达与设计后，在思政课目标导向下，将案例分析阶段的教学直接对接老闵行文化雕塑设计，老师在现场讲课，与学生一起针对老闵行地区的文化空间体验展开探究，在探究过程中学习及应用设计师视角下的"文化自信"思想，强调学生解决实际问题的能力，驱动整合创新能力的提升，一同寻找展示设计问题解决的方案，最终创造出一套能解决问题的展示设计作品。在全面奔向"中国梦"之时，让学生通过设计创作来反思思政课的内容，强化学生对思政课内容的理解和认识。

三、典型教学节段教学组织案例

下文以"第四章 展示设计与创新体验"中的"4.1 设计调研"为例,详细说明具体教学组织过程是如何展开的。

(一)课前——思政导入

1. 时间

课前2~3天。

2. 学习内容

(1)江川路,1958年建成时称一号路,当初,这是一条宽畅的马路。1959年以后,大家叫它闵行一条街。2018年,恰逢它的六十甲子。

(2)闵行一条街的设计理念,贯彻落实了1958年中共上海市委提出的"先成街后成坊"、大型企业"就地生产、就地生活"的住宅建设原则。在一号路两侧建多层住宅群,即为东风一村、东风二村;在一号路街面住宅房底层设置商业设施,最早开出了16家商店。逐步建立学校、医院、邮政、银行、菜场、影院、公园等配套设施。

(3)如今的一条街,商铺毗邻,商品满目。1980年中期开辟了"百步商场"后,人们又多了一个逛街、购物的去处。2005年闵行剧院重建为"商影大厦",集餐饮、娱乐、购物、休闲为一体,是一条街上的亮丽景点,2014年改为"江川儿童城",成了综合性的儿童智益乐园。同年,闵行饭店重新规划装修,华丽转身为锦江都城闵行饭店。休息日,一条街上熙熙攘攘的人群川流不息。

3. 具体实施

(1)教师组织学生参观老闵行博物馆和高铁站,了解老闵行的发展历程与江川街道的市场现状,深刻感受中国铁路发展所取得的辉煌成就,使学生的民族自豪感油然而生。

(2)教师与上海闵资集团联合举办"川上美集"地标联合评审,师生与企业专家共同探讨老闵行地标与城市雕塑的提炼。

(3)学生针对历史元素与对象,列举可能遇到的真实场景元素,梳理商业影响,研究针对具体问题开展,例如问卷调查、历史文化分析、行业分析等。

4. 达成目标

通过多维度、多途径的信息输入方式使学生建立整体概念框架,学生进一步明确,为我国传统、地域和旅游文化赋予设计精良、制作考究的城市雕塑,可以向世界宣传中国高铁文化,增强民族自信。

（二）课中——思政元素贯穿

1. 时间

90分钟。

2. 学习内容

（1）城市雕塑的发展史：设计文化是许多要素构成的复合整体，可分为三个层次，包括设计的物质层、设计组织制度层、设计的观念层。

（2）城市发展的形态与文化：在当今科技、经济高速发展的时代，空间展示设计被赋予了更高的文化内涵和情感期待。文化与空间设计的交融，成了现代空间设计的新趋势，这种结合与升华正是后现代主义设计观所认为的"设计是历史传下来的文化统一体延续的一部分。"

（3）商业结构。

（4）商业动线。

（5）城市雕塑设计流程与方法。

3. 具体实施

（1）理论讲授。

（2）思政元素挖掘。结合"川上美集"城市地标设计命题，充分挖掘思政元素。本课程解决了学生思想意识层面的认识问题，思政是一种思维工具和认识方法，技术技能是解决"物"的问题，但技术技能是由"人"来掌握的，这个掌握基础技能的人，动力怎样、状态如何、努力不努力，技术技能本身解决不了，要从传统元素入手结合红色文化，通过设计概念的融入调动学生的积极性，让学生成为传播传统文化的一分子，肩负起文化传播的责任，学习并传播传统文化。文化自觉到践行文化自信的过程通过展示设计课程中的思政内容对提高教学效果、引导学生成长起到了非常重要的作用。

（3）优秀作品讲解。以我校学生设计的优秀作品作为示范，讲解展示设计理论在城市地标设计中的具体应用方法。

（4）设计实践。根据"川上美集"地标设计需求请学生进行设计方案实践，分别对应"老闵行"地区的历史文化特色。每组学生首先绘制思维导图，进行发散性思维归纳，再进行文化创意下城市地标的设计。

（5）设计作品交流。推选优秀作品代表，向全班同学演示本组设计方案。展示过后学生之间进行互动投票。请学生根据展示交流情况，为优秀作品投票，积极创造学生自我评价和同伴互评的机会，并向学生公布教师清晰合理的评价规则和标准。

（6）总结回顾。重新梳理本节段授课内容，帮助学生及时回顾理论及实践应用过程。

4. 达成目标

教师通过理论讲授和思政元素挖掘演示设计流程与方法，使学生掌握整体设计逻辑与框架，并充分发挥创意思维展开"老闵行"地标的设计迭代。

（三）课后——总结反思与展示交流

1. 时间

机动。

2. 学习内容

请学生根据课堂讨论和头脑风暴的结果，在课后进一步细化方案，并完成方案的版面展示。

3. 具体实施

（1）通过案例和现实引导，开展以项目为导向的探索性学习，使学生掌握中国传统文化孕育下的城市地标设计技法，增强民族自信心，担任好文化传播者的角色。

（2）组织作品发布会，将学生制作完成的作品版面和实物进行线下和线上的集中展示，再次宣传和扩大社会影响力。

（3）指导教师带领学生团队参与实际展示项目的设计，并联合项目单位进行校企合作，将学生作品推广出去，给学生创造平台进行成果展示，开展了形式丰富的第二课堂实践教学。2020年9月—2021年12月，师生共同为闵行区"川上美集"项目进行地标设计（图16-1），学生积极地参与到老闵行地区的地标设计中，为"川上美集"项目贡献自己的创意，并在今年2021年1月在上海闵行资产投资经营集团与上海交通大学、华东师范大学、同济大学等高校学生一同进行了答辩。

图16-1　专业教师、闵行政府人员、辅导员等对学生作品进行联合评审

四、部分优秀设计成果

成果作品展示如图16-2~图16-8所示。

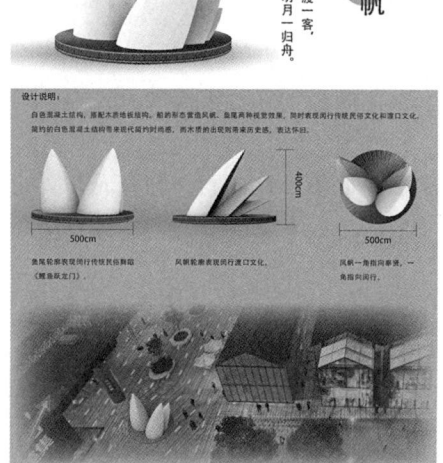

图16-2 学生作品《川帆》

图16-3 学生作品《川鲤》

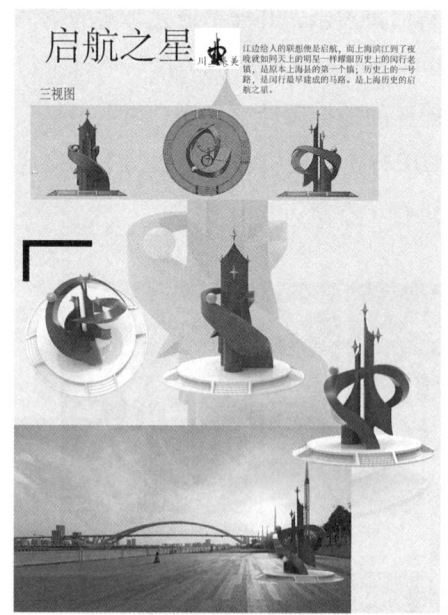

图16-4 学生作品《启航之星》

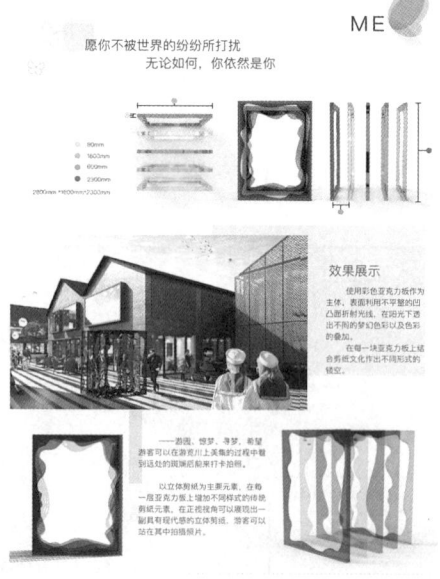

图16-5 学生作品《ME》

图16-6　学生作品《釉光》　　　　图16-7　学生作品《转运》

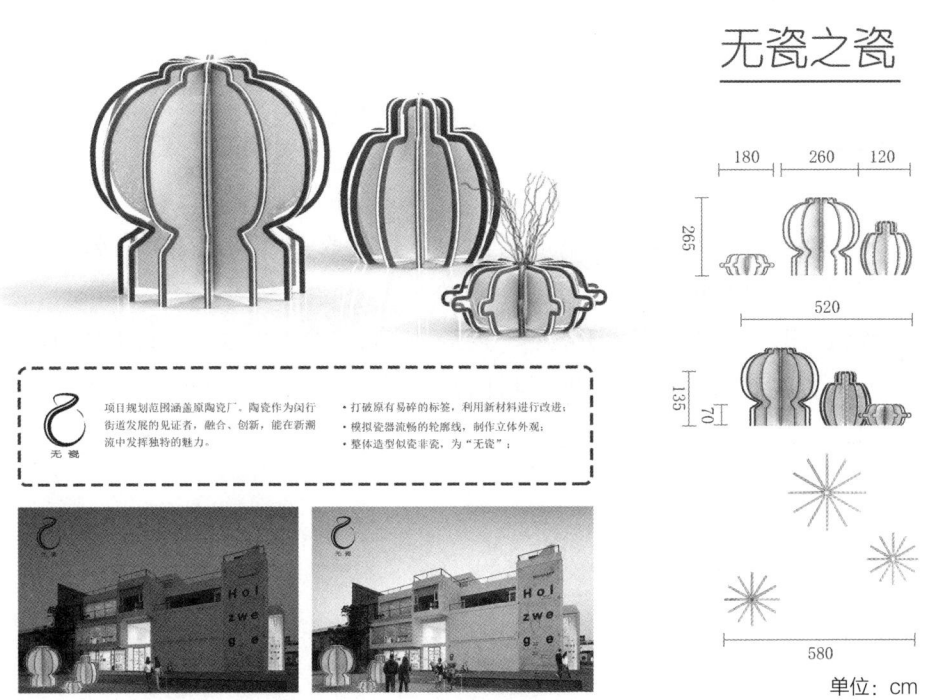

图16-8　学生作品《无瓷之瓷》

五、课程思政教学总结与成效

"展示设计"课程教师团队围绕展示设计的基础知识与原理技法,深入挖掘与课程思政相关的元素,在本门课程的教学探索中,研究性的教学方法建构的是学生对于展示设计中文化传播设计的思维体系,课堂的教学以师生互动、生生互动为主要特征,课堂教学法采用启发式、研究式、问题式、案例式和研讨式,重点培养学生发现社会问题与传承文化的能力,在教学安排中适当减弱理论教学,加强思维训练,不是把知识硬塞给学生,而是让学生具备独立思考的能力,建立学生的创意思维并提高设计能力。

教师经过本课程的教学实践,在选择一个"老闵行"文化项目进行设计时,通过观察学生课堂上的反应与表现,发现"老闵行"地区特有的非遗文化、地区产业特征、源远流长的文化内涵往往能激发学生们的兴趣。有些学生选择运用较有艺术性、互动性的展现方式作为自己的展览内容,这唤起了大多数学生你追我赶的学习热情。通过阶段性的方案汇报、方案讨论、方案实践,90%的学生达到课程的要求,达成课程具体目标率为95%。通过本次项目实践,引发学生对于"老闵行"地区文化传播的思考,产生对中国传统文化的敬畏感,使他们在今后的生活中,能够更加关注中国文化,做好一名专业的文化传播者、传承者。

参考文献

[1] 朱小军. 课程思政融合下的展示设计教学改革与实践[J]. 高教学刊,2019,000(026):148-150.

[2] 陈强,王欣,刘宜滨,于英丽,董莹. 高校"课程思政"背景下环境设计专业提高育人能力——以《设计师实务》为例[J]. 福建茶叶,2019,41(12):81.

第十七章
"平面构成"课程思政教学实践

胡昊琪　上海电机学院设计与艺术学院

一、课程基本情况

"平面构成"课程是设计与艺术学院产品设计专业的核心课程。本课程在产品设计本科生教学中已经连续开设7年，全体教学团队成员已经积累了丰富的授课经验和教学资料，在授课过程中有良好的教学互动，受到同行和学生的好评。2017年，本课程出版教材《设计构成》1本，同年，该课程完成上海市教委重点课程建设。2018年参加"设计基础"国家精品课程培训，对现有课程进行教学内容改革。

在教学中，教学团队根据毕业要求和职业能力标准，不仅强调设计技能和方法的传授，更注重引导学生对职业标准的理解、对社会责任的审视。引导学生思考人生意义和价值，增强社会责任感，树立正确的职业观，使学生能做到知行合一，并最终获得成功的体验。

二、课程思政融入教学内容设计

（一）课程理念

1. 教学方法设计

根据学生的特点和专业的特性，采用目标导学向激发学生主动学习、探索、发现；采用比较法展示作品、比较作品、解析作品；采用观察法、归纳法和解读法进行练习。

2. 知识与技能方面

了解平面构成的基本原理，掌握平面构成的方法和美学法则，学会欣赏和创作带有思政内涵的构成作品；在过程与方法方面遵循教师为主导，学生为主体的原则。采用讲授法、演示法，将头脑风暴和案例讲解分析等教学方法有机结合，启发和引导学生的设计思维，训练学生的动手能力。引导学生发现身边的形式美和秩序美，感受"设计来源于生活"。通过课程学习，学生能够运用平面构成的形式语言来表现传统文化、传统思想价值体系，提高学生的审美情趣，建立学生的民族自信。

（二）课程育人特色与创新点

1. 教学设计创新

本门课程教学的切入点在原有的专业知识的基础上，增加思政内容。在教学过程中不仅能够使学生的专业知识得到提升，还能够在学生的价值观方面进行引导。

2. 教学内容和活动的创新

采用混合式教学模式，为教学内容和活动创新提供了时间条件，在教学的每个知识环节融入思政元素，以课前、课中和课后的顺序做好整体规划。

3. 教学评价的创新

课程的教学评价方式从传统的以知识和专业技能的获取水平进行评价，转向以知识和专业技能的获取和价值观塑造共同成为评价标准。价值观的塑造评价包含了学生在课程中的态度、能力、价值取向等方面，这使得教学评价的方式更加公平全面。在这种评价体系下，思政元素在不同环节都能够更好地提升学生的创新思维能力、分析和解决问题的能力。

（三）思政元素融入

本课程通过对专业教育和思政教育的育人要素分析，确立了课程目标：

知识目标：了解平面构成的本质，掌握平面构成中的造型手法，掌握形态表现语言和形式语言的表达方式，将造型的构成方法研究推向艺术设计科学的理论高度。

能力目标：在平面构成基础部分，在掌握设计语言的使用方法的同时，还能够将美学研究融入其中。熟练掌握形式美的构成法则，提高形态的审美意识和抽象思维能力。

育人目标：为后续各类专业课程打下基础，培养学生的实践能力与创新意识，引导学生学习并热爱中国文化，弘扬中国精神，传播中国文化。

明确思政育人要素的重点内容，并进一步将这些思政德育元素有机融入课程的教学内容中，如表17-1所示。

表17-1　思政元素有机融入课程内容

序号	教学内容概述	课程思政育人目标	教学方法
1	平面构成的概述	1.1 了解构成课程的基础概述和平面构成的形象元素 1.2 通过国内成功案例分析，树立民族自信	讲授法、案例讲解分析法

续表

序号	教学内容概述	课程思政育人目标	教学方法
2	工具与工具轨迹	2.1 了解肌理及其应用 2.2 掌握肌理质感的表现方法 2.3 通过设计材料的选择，了解中国传统文化、传统工艺，弘扬民族情怀	讲授法、演示法、实验法
3	不可或缺的造型元素	3.1 了解点、线、面的造型规律 3.2 学会从多角度发现问题、看待问题，树立正确的价值观	讲授法、启发法、练习法
4	视觉创造的造型原理	4.1 掌握视觉造型的基本原理 4.2 培养学生主动获取更深、更广、更新知识的能力	讲授法、启发法、练习法
5	幻象创造的方法	5.1 掌握视错觉的基本原理 5.2 学会多角度发现问题、看待问题，树立正确的价值观	讲授法、启发法、实验法
6	课程思政-平面构成的综合运用与表现	6.1 了解平面构成原理在不同领域中的运用案例 6.2 通过中国元素提炼演绎，了解中国传统文化、传统工艺，弘扬民族情怀	启发法、学生总结与演讲锻炼

三、典型教学节段教学组织案例

下文以"课程思政—平面构成的综合运用与表现"中的6.2为例，详细说明具体教学组织过程是如何展开的。

（一）课前——思政导入

1. 时间

课前2~3天。

2. 学习内容

（1）1921年7月23日，中国共产党在上海召开第一次全国代表大会。会议由于受到巡捕的搜查，转移到浙江嘉兴南湖的游船上进行。

（2）1921年8月3日黄昏，浙江嘉兴南湖上一艘中等大小的画舫内，气氛庄重肃穆。在"中国共产党万岁"的低声呼喊中，中国共产党第一次全国代表大会闭幕。

（3）2021年是中国共产党一百年华诞。站在"两个一百年"的历史交汇点，全面建设社会主义现代化国家新征程即将开启。世界将更多目光投向中国，聚焦中国共产党矢志不渝为人民谋幸福，为民族谋复兴，为世界谋大同。

（4）以建党一百周年的创意创新设计活动为驱动，在教学过程中了解中国共产党的历史，弘扬爱国情怀。

3. 具体实施

（1）教师组织学生参观中共一大会址和纪念馆，了解中国共产党发展历程，感受今天幸福生活来之不易。

（2）教师组织学生参观西岸艺术区，了解最近设计发展进展，使学生的民族自豪感油然而生。

（3）学生针对目标研究对象，梳理设计提取元素。

4. 达成目标

通过多维度、多途径的信息输入方式使学生建立整体概念框架，使学生更加深入地了解中国发展历史，增强民族自信。

（二）课中——思政元素贯穿

1. 时间

90分钟。

2. 学习内容

（1）了解平面构成原理在不同领域中的运用案例（分别从平面设计、产品设计、建筑设计等领域结合案例进行介绍）。

（2）通过中国元素提炼演绎，了解中国文化、传统工艺，弘扬民族情怀。

3. 具体实施

（1）理论讲授。

（2）思政元素挖掘。结合建党一百周年设计命题，充分挖掘思政元素，由此确定设计方向与定位。

（3）优秀作品讲解。以我校学生设计的优秀作品作为示范，讲解平面构成理论融入爱国教育内容的具体应用方法。

（4）设计实践。根据前期调研元素进行选择和提取演绎，结合课程中学习的平面设计构成手法，进行设计实践练习。

（5）设计作品交流。每位同学向全班同学PPT演示设计方案。展示过后学生之间进行互动投票。请学生根据展示交流情况，为优秀作品投票。

（6）总结回顾。重新梳理本节段授课内容，帮助学生及时回顾理论及实践应用过程。

4．达成目标

（1）教师通过理论讲授和思政元素挖掘演示设计方法，使学生掌握整体设计逻辑与框架，并充分发挥创意思维展开平面构成设计。

（2）培养具有开阔视野、深厚国家情怀、强烈社会责任感的社会主义建设者和接班人。学生通过学习结合自己所认同的观念和想法，形成一个新的价值观念。

（三）课后——总结反思与展示交流

1．时间

课下时间。

2．学习内容

请学生根据课堂讨论和头脑风暴的结果，在课后深入完成设计草图及手绘方案。

3．具体实施

（1）通过案例和现实引导，开展以问题为导向的探索性学习，提高学生的文化自信和社会责任担当。

（2）组织作品发布会，将学生制作完成的作品进行发布展示，并参加学校设计节活动。

4．达成目标

让学生将爱国情怀和专业知识相结合，设计出富有中国特色的设计作品，在提高专业技能的同时，增加学生的民族自信和爱国情怀。

四、部分优秀设计成果

成果作品展示如图17-1所示。

图17-1　学生作业成果

五、课程思政教学总结与成效

本课程教师团队围绕平面构成的基本设计原理，深入挖掘与课程思政相关的元素，让学生正确理解、把握设计背后的政治、经济、社会、文化艺术等多方面内在原因的综合社会因素，理解设计师应具备的基本素质和要求，初步建立职业认识与设计价值观。

参考文献

[1] 教育部社会科学司. 高校思想政治理论课文献选编（1949—2006）[M]. 北京：中国人民大学出版社，2003.19.

[2] 巨英. 社会主义核心价值观融入高校思想政治理论课实践教学的路径研究[J]. 湖北经济学院学报（人文社会科学版），2020（11）：142-144.

[3] 王洪军. 论新形势下加强和改进高校思想政治理论课教学的途径[J]. 石家庄铁道大学学报（社会科学版），2017（3）：108-110.

[4] 杨艳玲，张增强. 计算机辅助设计类课程"课程思政"教学改革探析[J]. 计算机时代，2021.1.11.

第十八章
"视听语言"课程思政教学实践

殷 瑞 上海电机学院设计与艺术学院

一、课程基本情况

"视听语言"是校重点课程,也是数字媒体专业的核心课程。本课程的教学内容以"视听"为核心,将画面语言、声音语言和镜头剪辑相互结合,传播某种信息的感性语言。课程将品德教育与理论教学相统一,思想与精神相融会,逐步提高学生思想觉悟和专业素养。本课程共48学时,3学分,面向本科二年级学生开设。

原有课程目标是对于理论知识架构的建立,从构图、景别、角度、声音、色彩、剪辑等不同方面进行分析,使学生掌握视听语言在影视作品中的主要特征以及表现手法,树立视听语言理念,培养理论素养。该目标仅对于理论知识进行梳理和总结,没有实践内容和现实意义,没有体现学生的思想实际和接受能力。本课程将思政课程的指导思想引入课堂中,在课堂观看视频案例时,选择一些正向主题并发人深省的影视作品,结合课程内容,将正能量思想与精神传递给学生,最终积淀成良好的品质。课程紧紧围绕课程目标、知识目标、思政目标三个目标进行讲授,如表18-1所示。

表18-1 目标分析

课程目标	本课程掌握视听语言在影视动画中的主要特点和表现手法,培养理论素养
	本课程对于学生影视理论架构的建立、影视知识学习体系的形成,有重要意义
知识目标	了解镜头、构图、景别、角度、运动、场面调度、剪辑、声音等内容不同的运用方法
	掌握画面语言对于影视动画的重要性,以及对于后续影视特效、二维动画、毕业设计等课程的延续性
思政目标	理解主旋律影视作品中对于民族文化的传承和民族精神的弘扬
	从个人、社会、国家的三个层面来解读影视作品中的核心价值,弘扬时代精神,传播红色文化,树立正确的价值观和世界观

二、课程思政融入教学内容设计

（一）思政元素梳理

教学团队立足课程的教学大纲和课程目标，围绕社会主义核心价值观，从三个层面进行梳理与总结。首先，从个人层面，将有助于大学生树立正确价值观和理想信念的影视作品带入课堂中，调动学生的学习热情，培养学生养成良好的行为习惯和处事方式，改善在校大学生的整体精神面貌。例如，在中华人民共和国成立初期，诞生了一系列以体现主人公顽强拼搏的奋斗精神为代表的红色经典电影，如《战狼》《无问西东》等。这些影视作品对个人价值进行探索，以实现自我价值为出发点，体现主人翁坚韧的精神，更体现了时代的变革。其次，从社会层面，将影视作品里中华传统文化和人文道德观念传递给学生，使其感悟剧中故事的人文韵味。例如弘扬社会正气的电视剧《人民的名义》《扫黑风暴》等。最后，从国家层面，在网络发达的当今社会，大学生思想意识薄弱，容易被外来思想煽动。维护国家意识形态安全、民族统一、社会主义稳步发展是至关重要的。例如电影《长津湖》《八佰》《金刚川》《悬崖之上》等，用历史描绘今天的幸福生活来之不易，老一辈革命先烈的热血精神感染着新时代的年轻人，帮助学生树立爱国主义情怀。

（二）思政元素融入

通过对专业教育和思政教育的育人要素分析，确立了课程思政育人要素的重点内容，并进一步将这些思政德育元素有机融入课程的教学内容中，如表18-2所示。

表18-2 思政元素有机融入课程内容

序号	课程模块	知识单元	小单元内容	思政元素切入点	预期效果
1	基础模块	第一章 初识视听语言	1.1 视听语言的基本概述	让学生了解画面语言的构成，建立对课程的宏观理解和认知	端正思想以及创作的方向
			1.2 课程的学习方法及意义	引导学生基于新时代背景下理解课程体系与框架，掌握课程的学习方法，明确课程学习的意义	培养学生社会主义核心价值观，坚定理想信念
		第二章 视听语言的画面	2.1 构图	培养学生对画面构图的基本理解	树立正确的价值观和鉴赏能力
			2.2 景别		
			2.3 角度	训练学生掌握不同角度的画面含义	培养学生使命感和坚定的理想信念
			2.4 色彩与光线	对于不同影片画面色调的理解	懂得颜色渲染心情

续表

序号	课程模块	知识单元	小单元内容	思政元素切入点	预期效果
2	进阶模块	第三章 镜头运动及剪辑	3.1 镜头运动	培养学生的画面感，以及对内容的观察与思考	培养使命感和坚定的信念
			3.2 镜头声音	树立学生对画面整体的考虑，艺术的完整性	运用影视作品的"临场性"调动学生感官认知，起到感化的作用
			3.3 镜头剪辑	从"中国好故事"出发，了解中国历史的沉浮，树立文化自信，创建文化强国	用理想照耀中国，穿越时代，见证时代的辉煌
3	高阶模块	第四章 视听语言案例分析	4.1 案例赏析：历史电影分析	运用影视作品的"直观性"调动学生感知，激发爱国主义情怀	认识历史，使学生具有时代的使命感
			4.2 案例赏析：主旋律电影分析	聚焦热点内容，关注时事。将热点主旋律电影分享给同学们	弘扬民族文化、运用中国元素将中国故事，激发学生的民族自豪感
4	实战模块	第五章 视听语言设计实践	5.1 设计实践1：心理健康短视频制作	将镜头脚本应用在心理健康课，对学生进行心理健康教育	培养协作精神，宣扬心理健康
			5.2 设计实践2：结合实际比赛进行设计创作	将弘扬民族精神的公益主题比赛带到课堂	增强民族自信，坚决拥护中国共产党的领导，发自内心的热爱祖国

例如，在讲解画面语言的基本内容，如构图、景别、角度等理论知识时，将影视作品的"直观性"充分发挥。在以"讲中国好故事"为主旋律的时代背景下，国产好电影如雨后春笋般涌现出来，在欣赏电影《我和我的祖国》时，着重讲解景别的作用，在《前夜》《相遇》两个小故事里都以小人物为主人公，以小见大，来展现时代的大事记。而大量的特写镜头也给学生留下深刻印象，有助于其发现身边人物的真善美，也能够让学生体悟不同人物的人生。主人公呕心沥血、无私奉献的一生告诉学生，想要成就一番事业，终须将人生理想融入国家和民族的事业中。培养社会主义核心价值观和道德观念，同时逐步树立起坚定而正确的理想信念，并逐渐提升价值判断、价值选择的能力。

三、典型教学节段教学组织案例

下文以"第五章 视听语言设计实践"中的5.2为例,详细说明具体教学组织过程是如何展开的。

(一)课前——思政导入

1. 时间

课前2~3天。

2. 学习内容

(1) 2014年4月15日,习近平总书记在主持召开中央国家安全委员会第一次会议时提出,坚持总体国家安全观,走出一条中国特色国家安全道路。

(2) 深入宣传贯彻习近平新时代中国特色社会主义思想以及党的十九大精神,引导学生树立国家利益至上的观念,提高学生总体国家安全意识,坚决维护国家主权、安全、发展利益,坚持总体国家安全观。

(3) 采取最新颖的教学方式将家国情怀、使命担当、社会主义核心价值观传递给当代大学生,使他们担当起中华民族伟大复兴的重任。

(4) 相对于传统的理论授课,用视频拍摄"总体国家安全观"的内容更形象化、接地气,可以借用大学生身边的事情,用讲故事的形式生动呈现。

3. 具体实施

(1) 结合新时代世情、国情、党情,重点围绕坚持国家利益至上。引导学生主动学习,激发学生们的学习积极性,将在课堂中学生的课堂表现和作业完成情况分步骤逐步进行考察,以找出适合思想政治教育以及全面发展的教学考核方法与手段。

(2) 围绕弘扬社会主义核心价值观,提高总体国家安全意识,体现爱国主义、国家意识、民族精神、红色品质等元素,宣传与大学生日常学习生活密切相关的国家安全。

(二)课中——思政元素贯穿

1. 时间

90分钟。

2. 学习内容

(1) 设计短片结构:短片设计是许多要素构成的复合整体,可分为三个层次,包括前期设计、中期设计和后期设计。

（2）前期设计，从"选题"入手，整合思政元素，将知识和技能贯穿整个短片制作过程，确立前期的脚本写作、分镜头本。引导广大大学生提高总体国家安全意识，坚决维护国家主权、安全、发展利益，推动全社会形成积极应对国内外安全挑战、维护国家安全和社会安定的良好氛围。

（3）中期设计，在制作的过程中，无论是真实拍摄还是二维动画制作，都应该赋予积极的家国情怀。宣传国家安全法、网络安全法、反恐怖主义法等国家安全基本法律，提高法律法规的知晓度，为国家安全相关法律的实施营造良好氛围。

（4）后期设计，最后呈现出有特色，高质量的内容。

3．具体实施

（1）理论讲授。

（2）思政元素挖掘。结合"总体国家安全观"的内容，针对政治安全、国土安全、军事安全、经济安全、文化安全、社会安全、科技安全、信息安全、生态安全、资源安全、核安全、海外利益安全12种国家安全的某一或多个领域开展研究，从身边实际出发，找到合适的主题。

（3）优秀作品讲解。以国内外优秀的作品作为示范，讲解视听语言理论在"总体国家安全观"大赛中的具体应用方法。

（4）分组设计实践。根据内容呈现形式请学生分两组进行设计方案实践，分别为视频和动画两种呈现内容。每组学生首先设定剧本，进行发散性创作，再绘制分镜头，最后进行制作剪辑。

（5）设计作品交流。播放设计作品，并相互点评。

（6）总结回顾。重新梳理本节段授课内容，帮助学生及时回顾理论及实践应用过程。

4．达成目标

应该采用理论结合实际的教学方式，引导学生积极思考，树立正确的价值观，在保证掌握视听语言专业知识的同时也要增加学生的责任感和使命感。将理论知识的学习成果通过实践形式表现出来，端正思想、明确方向，在完成以上内容后，学生将具备初步的创作能力，不仅培养了使命意识，也坚定了理想信念，总体上可以树立正确的价值观和提升文化感知力。

四、课程思政教学总结与成效

"视听语言"课程教师团队围绕画面语言、声音语言和镜头剪辑核心内容,鼓励学生在课后开展实践活动,能够将课堂所学的知识真正地运用起来,发现问题、解决问题。通过学习、认知、分析、实践,调动学生的积极性与参与性,以获得更好的教学效果。与时代同步,培养文化强国合格人才,指导和启发学生,帮助其进行资料整理和讲解准备,以便使学生建立自己的想法和观点,也有能力在之后的课上独立阐述观点。由浅入深地使学生掌握一定的实践技能、研究分析方法,激发学生的兴趣、钻研潜能,提升分析问题和解决问题的能力,使其创新能力得到培养。每章都设计相应的课堂练习,使学生能尽快巩固、掌握所学内容。以德育促智育,知行合一的道德实践为基础,构建协同育人的课程体系。

参考文献

[1] 王森. 影视视听语言教程[M]. 北京:北京师范大学出版,2019.

[2] 覃丽,王鹏威. 新媒体时代高职院校动漫专业视听语言教学改革探究[J]. 戏剧之家,2020.

[3] 王璐. OBE教学理念下《视听语言》课程教学改革实施的应用[J]. 山西青年,2021.

第十九章
"交互设计软件基础"课程思政教学实践

刘　成　上海电机学院设计与艺术学院

一、课程基本情况

"交互设计软件基础"课程是互联网产品设计方向的入门课程，也是工业设计专业、产品设计专业学生就业热门领域。课程教学内容主要是教会学生使用软件设计一个互联网产品原型，为后续软件开发明确设计输入。课程总学时为64学时，2学分，面向本科工业设计、产品设计、新媒体设计等专业开设。

原有课程立足于交互设计软件的基础，主要目标是让学生能够初步具备对互联网产品原型设计的基本能力。涉及对互联网产品的深度分析，包括分析具体App产品的战略层、范围层、结构层、框架层和表现层，综合锻炼学生发现问题和解决问题的能力。根据课程思政的教学指导精神，在掌握现有知识点的基础上，将教学目标层层拆解，优化思政知识点和课程知识点的有机融合，如图19-1所示。

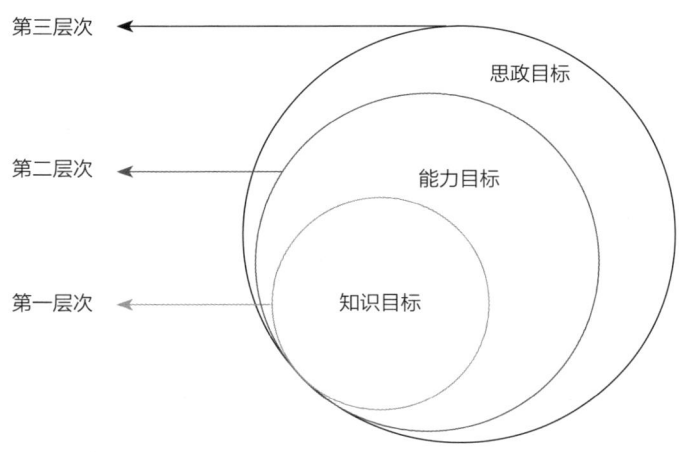

图19-1　教学目标的三个层次

二、课程思政融入教学内容设计

（一）思政元素梳理整合

"交互设计软件基础"课程教学团队立足教学目标，构建思政元素和教学目标的融合。框架：一是教学知识点的课程案例上，用思政元素的知识点案例进行结合；二是教学过程中的实例拓展分析上，构建学生外围的强国知识点；三是线下作业积极引导学生在解决民生问题上的高度站位，分析社会热点所需，为社会做有意义的设计，如图19-2所示。

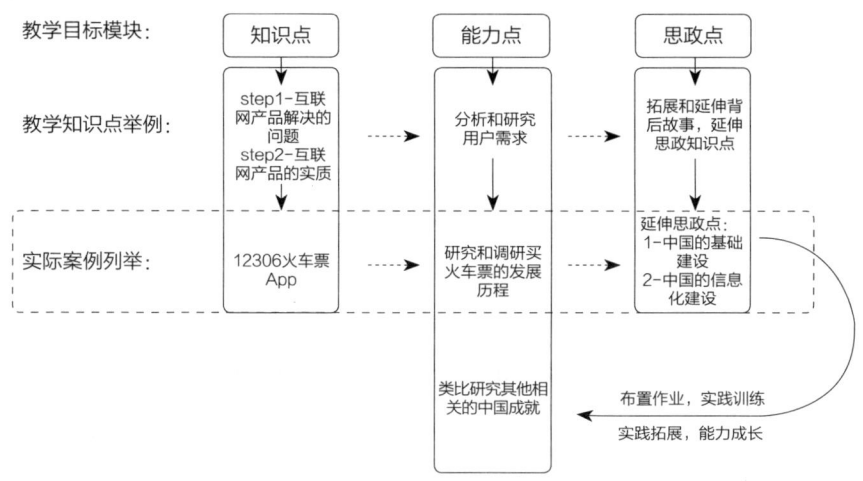

图19-2 思政元素和教学目标的融合框架

（二）思政元素的融入

"交互设计软件基础"课程通过对思政元素梳理整合，确立了知识点与思政知识点的融合，如表19-1所示。

表19-1 思政知识点与各单元知识点的对应框架

序号	课程模块	知识单元	小单元内容	思政元素切入点	预期效果	思政体系
1	基础模块	第一章 App原型的制作	1.1 了解图标与标志的区别、移动应用及电脑应用图标、图标常见尺寸、图标常见格式	了解中国国家标准中关于标志的使用和应用，及互联网产业带的中国应用的地位	让学生初步了解中国互联网应用已经走在世界的前列	外围文化背景拓展

续表

序号	课程模块	知识单元	小单元内容	思政元素切入点	预期效果	思政体系
1	基础模块	第一章 App原件的制作	1.2 图标设计原则、创意元素、图标视觉分析和效果	图标的分析与举例中，就党徽、国徽等意义和代表内涵进行深度分析。类比到其他图标的视觉效果分析	在党和国家的标志分析中，了解标志背后的文化象征	具体思政知识点的学习
			1.3 了解图标设计及软件操作：基础形体图标、复杂形体图标			
			1.4 掌握扁平化图标、具有材质质感图标、写实图标、涂鸦图标的设计操作流程			
			1.5 软件界面的设计方法及流程	分析图标和软件界面的关系。举例时，可以强调部分国内外均具有较高知名度的互联网产品，并对比国内外同等类型的互联网产品	让学生了解国内知名App产品的国际地位	外围文化背景拓展
2	进阶模块	第二章 互联网产品分析	2.1 思维导图软件的原理及作用	讲述思维导图的使用原理，分析具体案例产品的思维导图架构。在分析过程中，优选"学习强国"等优秀的国家级软件进行分析和拆解，了解该App的多项功能和其传达的正能量价值观等	在国家主导推出的很多优秀的App不仅是正能量的，而且是后续学生终身学习的良好工具，但是很多学生并不知道。因此，在案例分析的过程中，优先以这些App为例，既传递了正能量，也是对学生终身学习的一种鼓励	具体思政知识点的学习和拓展
			2.2 思维导图软件的功能点：头脑风暴、激发创意、逻辑梳理			
			2.3 掌握通过软件建立思维导图的方法及步骤	根据对思维导图及具体案例的分析，启发学生就民生问题、正能量的传递问题，进行新的互联网产品的构思，设计新的互联网应用，建立起产品的逻辑思维导图和软件流程图等，并就该产品的立意进行探讨和汇报	引导学生对社会和民生问题寻找互联网产品化的解决方案，帮助社会持续优化；引导学生创新创业正能量的方向	具体思政知识的应用拓展
			2.4 针对不同的交互界面或软件，梳理并建立软件流程图			

续表

序号	课程模块	知识单元	小单元内容	思政元素切入点	预期效果	思政体系
3	高阶模块	第三章 互联网产品的原型制作	3.1 熟悉并掌握axure软件主要工作环境、功能及基本操作	该阶段主要是产品的设计和软件操作实践，在各个案例知识点的讲述中，以具有思政内涵的互联网应用案例为蓝图进行，如在axure交互事件的知识点讲解中，以学习强国App为例	使学生熟知主流的正能量App产品	思政外围文化的拓展
			3.2 了解通用的原型设计原则，学会使用流程图标、元件替换、素材拼接及变量使用			
			3.3 axure交互事件（页面事件、元件事件）、位置及交互动作的操作及设置			
			3.4 axure自身元件库及第三方元件库的使用及建立自己的元件库			
			3.5 生成交互产品的原型并浏览			
4	实践模块	第四章 互联网产品的制作实践	4.1 网页交互设计案例	指导学生完整分析和设计一个具体的产品案例，让学生找到合理的解决社会问题和民生问题的方案，持续挖掘和深入了解后续的解决执行办法	让学生能够依据自主研究，找出社会上有价值的问题进行深度设计和分析，并找到互联网产品化的解决方案。培养学生的社会意识和担当	思政知识点的实践设计
			4.2 手机交互设计案例			

例如：

（1）在教学知识点与思政知识点的融合上：在1.1小节图标的学习课程中，原课程讲述的案例为普通的交通图标，在思政理念下的知识点设计下，可调整为了解国徽的设计：中华人民共和国国徽，中间是五星照耀下的天安门，周围是谷穗和齿轮。两把麦稻组成正圆形的环。齿轮安在下方麦稻秆的交叉点上。齿轮的中心交结着红绶。红绶向左右绾住麦稻而下垂，把齿轮分成上下两部。让学生掌握基本知识点的同时了解国家标志的象征意义。

（2）在教学框架与思政框架的融合上：课程的第二章主要是对现有互联网产品进

行分析和研究。原有课程实践中，学生随机选取任意互联网产品进行分析，在思政理念下，引导学生分析"学习强国""随申办"等正能量的互联网产品。在第四章执行实践时，把解决社会和解决民生问题作为学生设计实践的主要方向。

三、典型教学节段教学组织案例

下文以"第三章　互联网产品的原型制作"中的3.2为例具体说明。

（一）课前——思政导入

1. 时间

课前一周。

2. 学习内容

（1）《2021中国网络视听发展研究报告》称，2021年6月—12月，我国新增网民4915万。其中，25.2%的新网民因使用网络视听类应用而接触互联网，短视频对网民的吸引力最大。

（2）极光（Aurora Mobile，NASDAQ：JG）发布了《2021年Q2移动互联网——行业数据研究报告》，全面呈现2021年Q2移动互联网行业App的数据情况。报告数据显示，2021年第二季度，短视频行业用户时长占比达29.8%，与第二名即时通信的差距达9.4%；另外，在线视频时长占比呈下降趋势，Q2占比为7.3%，比上季度下降0.7%，比去年同期下降1.6%。

和大众刻板印象不符的是，短视频竟然远远超过游戏，位列用户使用时长第一名，甚至超过通讯时长。

当下，"年轻人上网时间都去哪里了？"成为包括大学生在内的年轻群体急需思考的问题，根据研究报告可以得知，聊天、短视频和手机游戏成为年轻人的时间黑洞，那么作为新一代的大学生，真的要被互联网产品的糖衣炮弹围剿吗？还是需要选择能带来认知学习和能力提升的互联网产品？

3. 具体实施

（1）教师组织学生记录手机的使用时长，按照记录使用手机时长的App（大部分机型自带手机使用时间记录程序），其中包括每个App的使用时长。

（2）组织学生统计手机时长使用数据，制作量表图。重点统计前几名时间使用最长的App名称是什么？每日手机使用时长数据？每日几点睡觉的数据？

（3）组织学生反思以下问题：每日玩手机的时间，你获得了什么提升？（包括技能的提升；知识的提升；认知能力的提升等）。这些提升对你的生活有什么建设性意义？玩手机的时间是否影响了现实生活中的工作、学习或者其他？如果把上述使用手机的时间置换成学习一门网课、学习一门语言或者任一技能，是否能够对自己有所帮助？

4. 达成目标

通过让学生调研自身数据获得真实感体验，让学生产生反思，如互联网产品使用时间是否过久？并使其初步认知到互联网产品是一把双刃剑，能够良好运用互联网产品才能把握住自己的时间。同时让学生有所启发，作为互联网产品的设计师，设计什么样的产品才是符合社会主义核心价值观的？

（二）课中——思政元素贯穿

1. 时间

90分钟。

2. 学习内容

（1）通用的原型设计原则：

对齐原则，相关元件和内容按照层次必须对齐。

亲密原则，相似而不同的内容分成几个区域，各区域相关内容相互聚拢。

对比原则，加大不同元素或者板块的对比和视觉差异。

一致原则，不同页面相同内容，设计上必须保证一致性和连贯性；不同页面相同元件和交互事件必须保证一致性。

留白原则，注意页面元素的密度，保持必要的空白。

降噪原则，颜色过多、字数过多、图形过繁，都是分散注意力的"噪声"，注意页面整体视觉效果，整体色调必须以灰色系为主，点缀色为辅。

节省原则，元件使用尽量节省，可以一个面板处理的不要使用两个，可以一个事件处理的，不要多个。

MECE原则，交互/用例设计满足相互独立完全穷尽原则，避免遗漏和交叉。

（2）流程图标：产品原型设计与评审流程。

（3）元件替换、素材拼接、变量使用：axure设计过程中的元件交互设计和各种素材的使用规范及变量的调用等。

产品原型设计与评审流程见表19-2。

表19-2 产品原型设计与评审流程

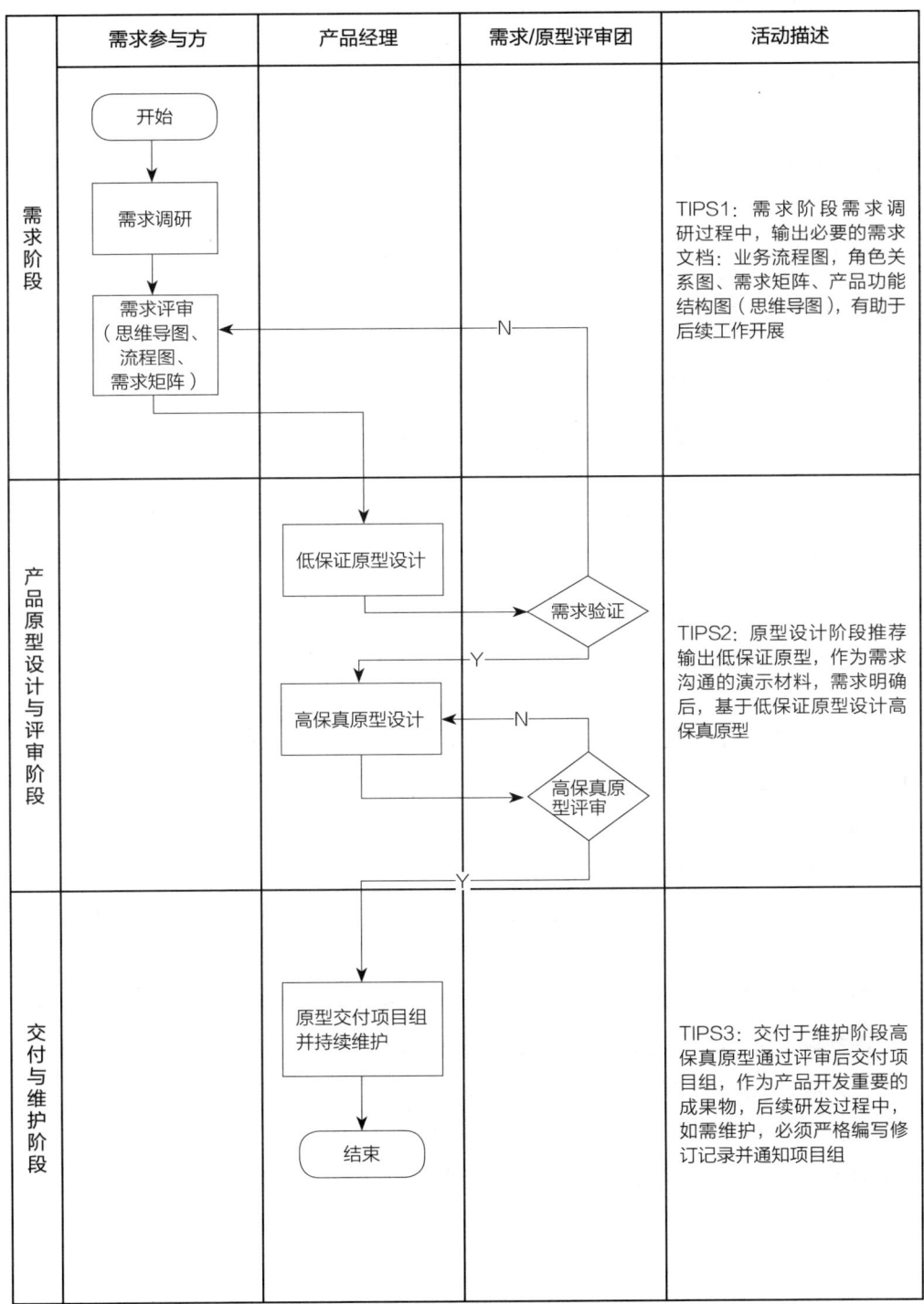

3. 具体实施

（1）理论讲授。

（2）思政元素挖掘。

结合互联网产品原型设计中的原则、产品流程等，分析互联网产品的争议性。主要分为三个模块，如图19-3所示：

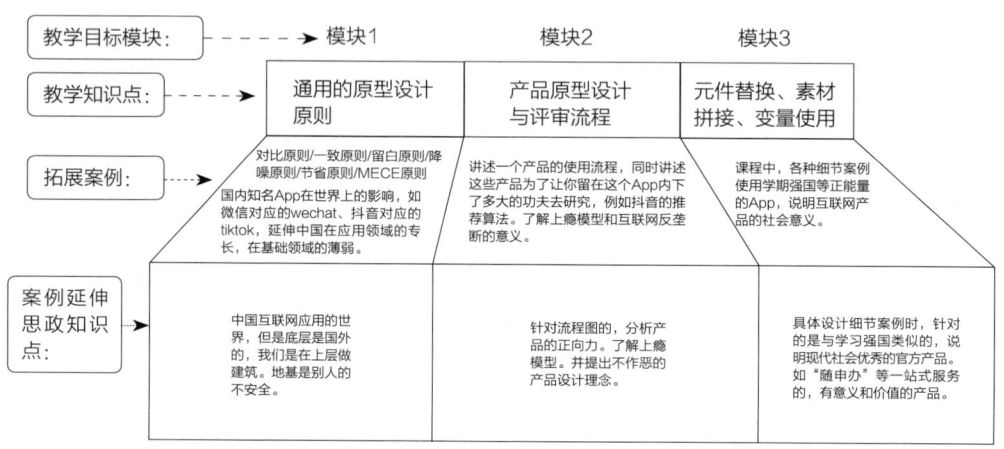

图19-3 思政元素与课程的层次

第一是中国互联网应用在世界上十分有名，如微信对应的wechat、抖音对应的tiktok，这些都是享誉世界的中国应用。但是互联网世界的底层是国外的，我们是在互联网基础上层做建筑。这就好比地基是别人建设的，一旦发生对抗则互联网世界会非常不安全。所以我们要做自己拥有核心知识产权的底层架构的产品。

第二是针对流程图，分析产品的正向力，了解上瘾模型（图19-4），并提出不作恶的产品设计理念。

第三是具体设计细节时的案例，针对的是学习强国、随申办等一站式服务产品。

围绕该思路，教师讲授完成后，在课堂上通过分组讨论的形式，启发学生的设计思路，并对学生的讨论核心观点进行交流。后续在设计实践过程中，参考讨论出来的结果进行互联网产品的原型设计。设计结束后，进行公开路演和汇报，每位同学作为评委通过"问卷星"等问卷程序，对汇报的学生的作品进行打分。教师根据学生汇报的成果进行点评。

图19-4　上瘾模型

（3）总结回顾。重新梳理知识点和思政内容之间的逻辑关联，保证学生在知识点上有具体收获，同时在思想上有一定提升。

4. 达成目标

教师通过具体知识点的讲解和关于思政内容的拓展，在细枝末节处和宏观层面上给学生讲述除了知识点之外的互联网战争，让学生知道作为互联网产品设计师身上肩负的历史使命。

（三）课后——总结反思与展示交流

1. 时间

根据学生的课业安排，在后续的课程交流中完成。

2. 学习内容

在课程讲述完成后，需要学生根据课程讲述的知识点，初步构建一个具有新概念的产品原型，并完成产品的汇报演示制作，后期用于模拟路演。

3. 具体实施

（1）在案例讨论和实践设计之后，组织每位同学针对自己解决民生、解决社会问题的新产品进行框架搭建和制作。通过该方式，让学生意识到民生问题和社会问题的解决方案，从而引发深度思考，增强社会担当意识。

（2）组织模拟路演，学生变身创业者，其他同学变身评委和投资客对同学的汇报进行评价。通过问卷星等形式，进行模拟打分，让每一位同学都能够对其他同学的想法有所评价。让大家对所考虑的社会热点问题的解决方案被全部同学知晓，扩大学生的思考面和思考深度。

4. 达成目标

课程通过引导学生从发现自身时间管理问题出发，研究互联网产品的正义性问题，拓展到研究社会问题、民生问题，用设计师的眼光去解决社会民生问题，从而达到学生思政教育的目的，让学生产生心怀国家民生问题，考虑弱势群体，为他人着想的思维方式。

四、部分优秀设计成果

案例1：悦读App，让阅读成为一件愉快的事情。

作者：朱彦雯

基于阅读App，做了设计优化，在现代游戏及短视频的"上瘾"机制下，每个人的空余时间很难被积攒下来做一些有意义的事情，阅读作为人类提升自己最有效的手段之一，是需要被大力提倡和引导的。悦读这款App就是在这样的大环境背景下，旨在通过优化设计，吸引年轻群体来通过读书提升自己，避免过度娱乐，浪费时光（图19-5~图19-7）。

图19-5 悦读App主页展示

图19-6 悦读App发现页展示

图19-7 悦读App其他页面展示

案例2：探店Ifind App修改版，找寻城市中有意义、有价值的红色地点。

作者：张夏婷

网红打卡已经成了现代年轻人生活的一部分，但是所有的打卡点都是有价值和有意义的吗？还是在商业资本推波助澜下的消费收割呢？Ifind App旨在通过给年轻人推荐有意义的打卡点，来充实年轻人的闲暇生活（图19-8）。

图19-8　探店Ifind App页面展示

案例3：萌宠物App修改版，用领养传递爱。

作者：李颖诗

萌宠物App是一款主打领养的宠物，设计主旨是用领养宠物的方式来传递爱心。用户可以分享宠物领养的信息，通过App寻找宠物（图19-9、图19-10）。

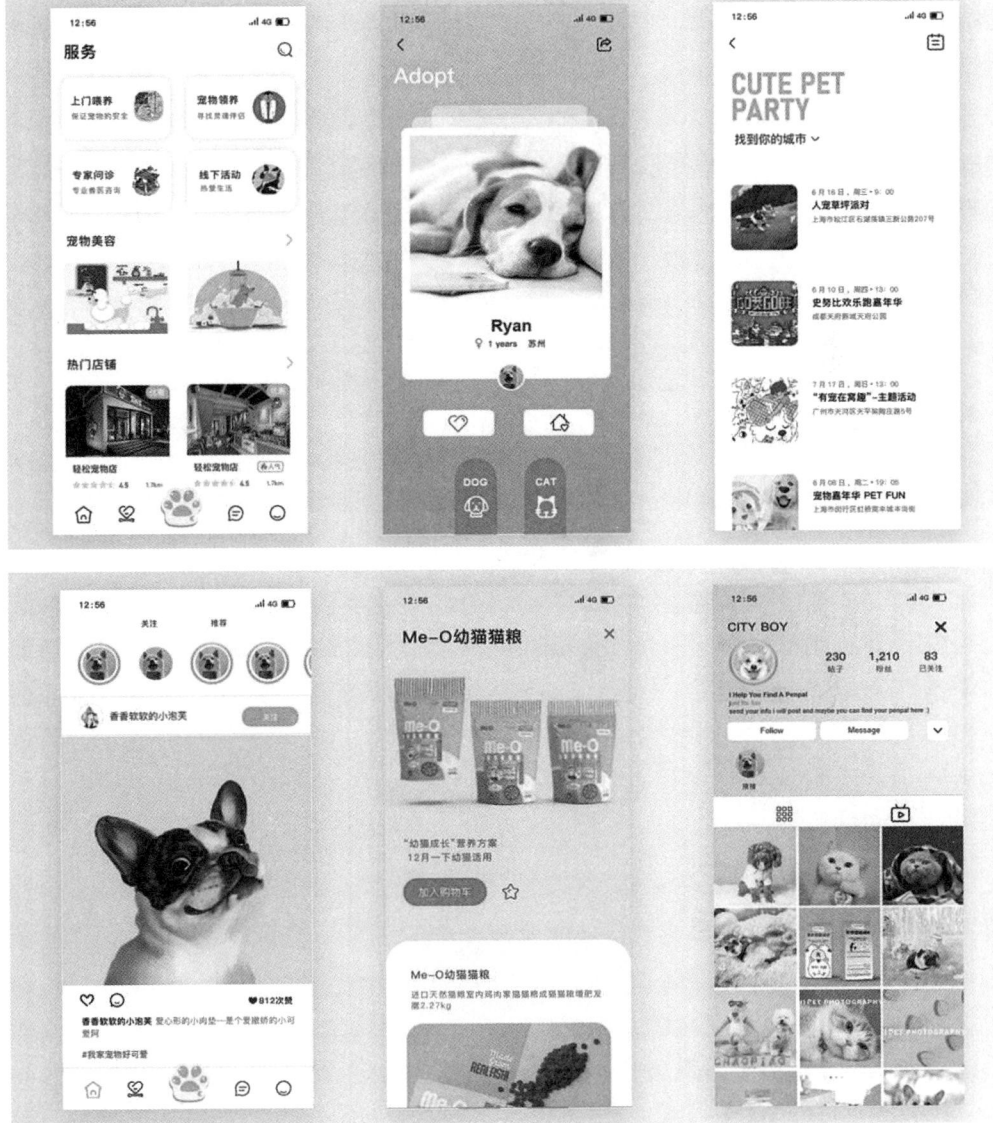

图19-9　萌宠物App页面展示1

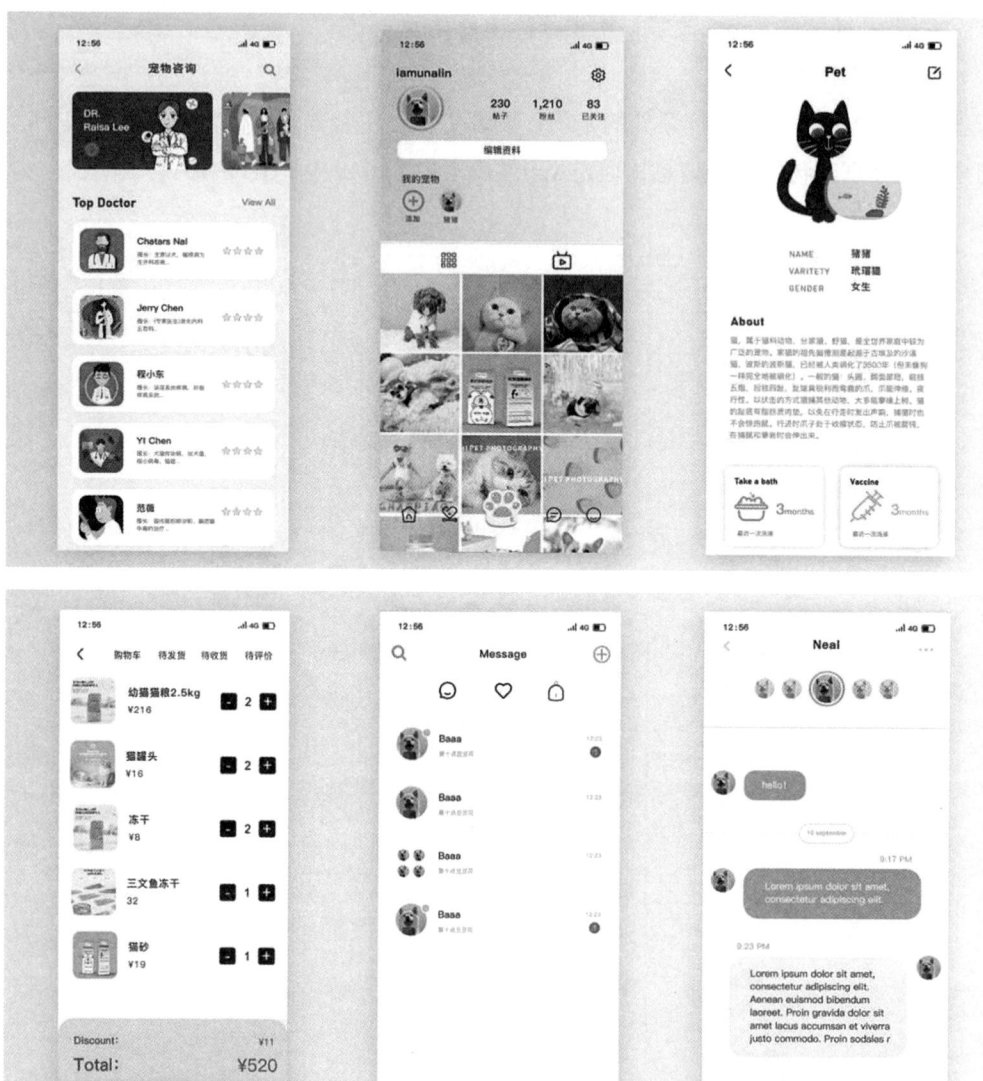

图19-10 萌宠物App页面展示2

案例4：看展App，结合新技能开拓出一个现代展现时代。

作者：杨建成

进入新一个时代，事物就会有新的变化与改变，看展也一样，对所面临的问题进行解决与以改善、设计。看展是一款通过关注机制分享简短实时信息的广播式的社交网络平台。看展作为一种分享和交流平台，其更注重时效性和随意性。同时结合新技能开拓出一个现代展现时代（图19-11）。

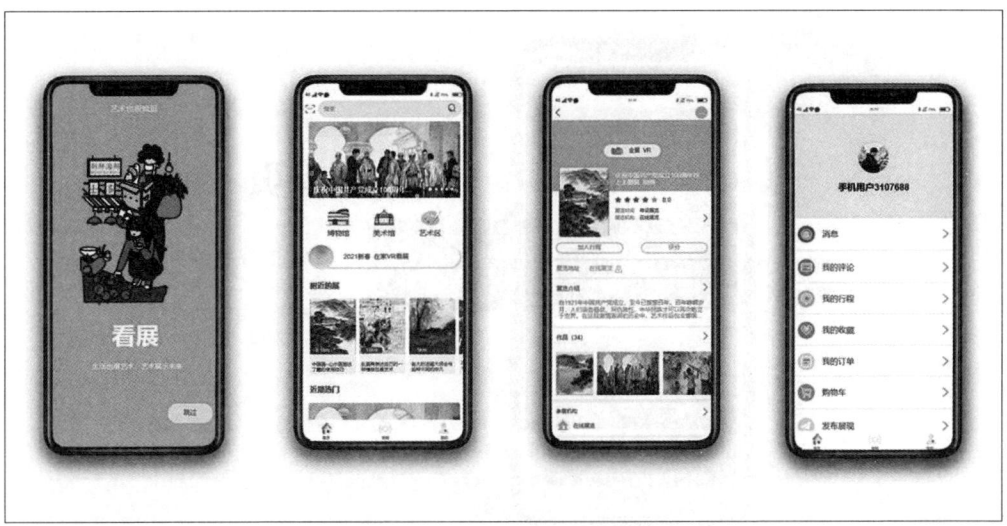

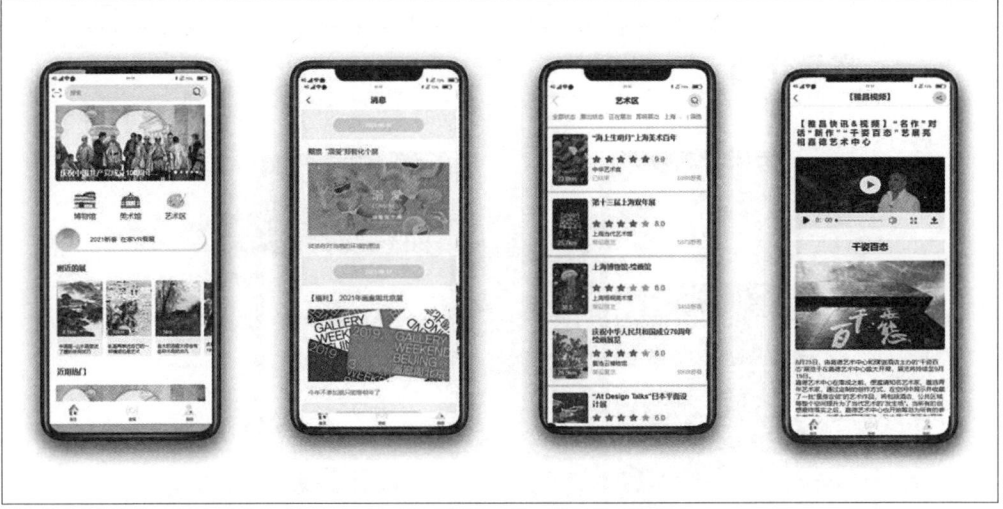

图19-11　看展App页面展示

案例5：燃健身App，打造全民健身时代。

作者：张千禧

全民健身越来越被时代所倡导，燃健身App以全民健身为切入点，旨在通过介绍和记录健身数据来引导人们有一个健康的生活方式（图19-12、图19-13）。

图19-12　燃健身App页面展示1

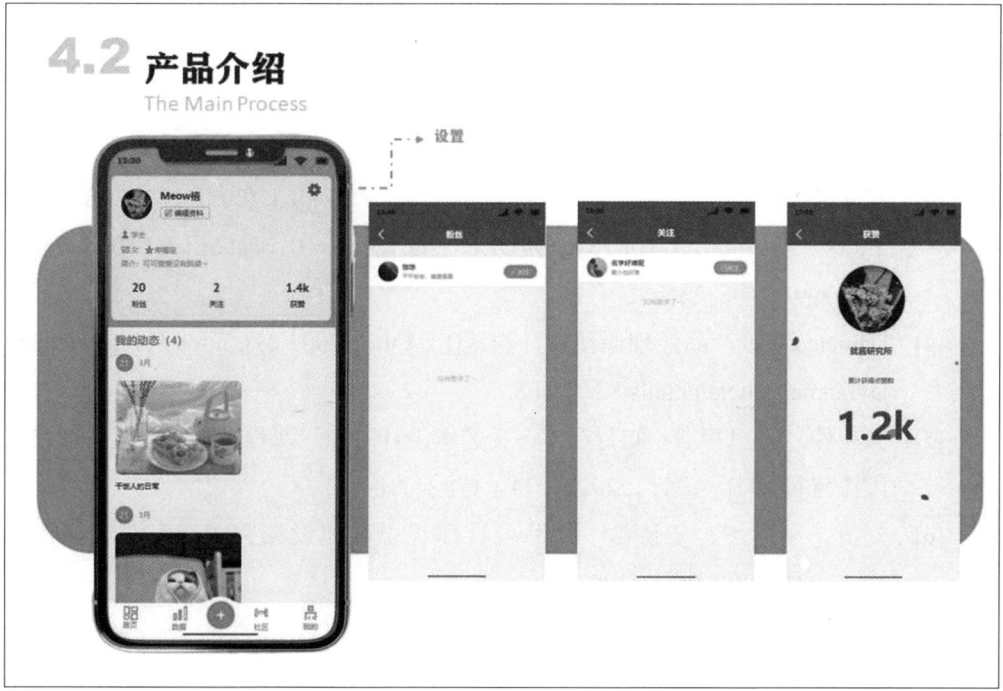

图19-13 燃健身App页面展示2

五、课程思政教学总结与成效

"交互设计软件基础"课程教师团队围绕交互设计软件AXURE的使用知识点为核心层,以当下最热的互联网行业产品设计思考为拓展层,以国家的互联网战略、中国互联网产品在世界上的国际地位和互联网产品定义的正义性为思政思考层。多层次的结构设计将一门原本以讲述专业技术知识的课程与思政元素紧密结合在一起,将思政元素紧密融合到教学中去。

学生通过设计调研发现社会问题,并针对该问题进行积极的探索,做解决社会问题的设计师,为社会问题的解决贡献自己的思考。同时从这种思考中,反馈自己的思想,懂得如何做一名对社会有贡献的人。

参考文献

[1] 中国网络视听节目服务协会. 2021中国网络视听发展研究报告[R]. 成都:家广播电视总局、四川省人民政府,2021.06.

[2] 极光(Aurora Mobile,NASDAQ:JG). 2021年Q2移动互联网——行业数据研究报告[R]. 互联网:极光,2021.06.

[3] 互联四海洞察. 年轻人上网时间都去哪了?[EB/OL]. [2021.09]. https://view.inews.qq.com/a/20210825A0D7UL00?startextras=0_cdc9ac1d6b50d&from=ampzkqw.

[4] Danielcoffee. 产品经理原型设计规范[EB/OL]. [2021.09]. https://blog.csdn.net/jayfanmaj/article/details/82179668.

[5] 文苑仲. 艺德并举 知行合———艺术设计专业"课程思政"建设的思路、方法与实践[J]. 设计,2021,34(17):110-112.

[6] 刘成,汤学华,王诗傲. 产品设计课程思政建设探究[J]. 产业与科技论坛,2021,20(06):199-201.

第二十章
"工业设计简史"课程思政教学实践

何修传　上海电机学院设计与艺术学院

一、课程基本情况

"工业设计简史"是上海电机学院设计与艺术学院工业设计专业的必修课,课程总学时为32学时,2学分,面向本科一年级学生开设。"工业设计简史"是理论基础课程,该课程除了设计历史还集合了一定的设计理论与评价、时代背景与风格流派等知识,旨在给学生提供一个宏观的历史框架。在整个工业设计专业教学体系中处于一个引导和启蒙的层面。在教学中融入课程思政有助于提高学生的文化素养和道德修养,帮助学生树立正确的人生观、价值观和设计观,具有重要的教育意义。

按我校人才培养的要求和办学理念,本课程总体教学目标是为学生树立正确的工业设计历史认识观、提高学生修养、拓宽学生视野以及启迪学生的设计思维。原有教学大纲设定的教学目标是让学生了解现代设计产生的背景,明确工业、技术、艺术变革对设计的影响;能够在全球语境下了解设计和现代主义,商业、消费主义和设计的关系,并能适度反思与评价;掌握设计价值观的演变,把握设计的多元发展趋势;明确设计促进动力、职业和管理之间的相互关系,树立设计的社会责任观。

本课程的知识教学目标:

目标1:让学生了解现代设计产生的背景,明确工业、技术、艺术变革对设计的影响。

目标2:能够在全球语境下了解设计和现代主义,商业、消费主义和设计的关系,并能适度反思与评价。

目标3:掌握设计价值观的演变,把握设计的多元发展趋势。

目标4:明确设计促进动力、职业和管理之间的相互关系,树立设计的社会责任观。

对于"工业设计简史"课程教学而言,进行课程思政的必要性主要存在于以下几个方面:其一,"工业设计简史"课程传统的教学目标主要着眼于学生对设计史知识概念的教学,缺少借助该课程对学生相关德行的培育。其二,目前工业设计简史教材主要是围绕着西方发达国家展开,可以说是一部西方的设计史,对于我国相关的设计历史介绍的内容相对比较缺失。其三，"工业设计简史"课程作为工业设计专业必修的史论类课程，与其他强调技能学习和设计实践的专业课程相比，似乎对学生缺乏"天然的"吸引力。

针对上述相关问题，任课教师积极规划和设计该课程教学的思政目标，力求把课程思政内容和要素有机结合到教学知识中。期待通过融合思政教育，让学生在了解以西方设计历史为主导的同时可以反思我国今后设计发展的方向；有意识地把中西方设计情况和状态进行客观的横向比较，继而更理性地认识和理解我们现在的状态；进一步树立家国情怀，更客观清晰地认识到我们今后专业的发展方向；增加设计史和现实的联系，增强教学的趣味性和生动性。

在此基础上确定课程思政目标：

目标1：理解和贯彻党和国家的相关政策，把自我的发展和国家紧密联系起来。

目标2：以史为鉴，更好明确未来的学习与工作方向，做有理想、有情怀的设计人，做对社会有用的人才，在服务社会的同时实现自我价值。

目标3：了解中国文化在设计历史中的价值，中国文化对设计历史的影响和反应，增强文化自信和民族自豪感，并从设计史学习中发现专业发展中各种问题和机遇，培育当代大学生应该具有民族复兴的社会担当和意识。

二、课程思政融入教学内容设计

（一）思政元素梳理

1. 立德树人为价值导向

立德树人，是新时代高等教育的根本任务，也是"工业设计简史"课程思政的价值导向。"工业设计简史"立德树人的总体课程思政价值观就是在既定的课程中高效提升学生的理论知识、思想理念以及精神追求，确立正向的价值观。在这种价值导向下：立德，就是通过教学设计坚持德育为先，通过正面教育来引导人、感化人、激励人；树人，通过合适的教育来塑造人、改变人、发展人。要求学生在把握工业设计的历史演变和发展的基础上，培养学生的理论修养与审美能力，为将来的设计实践打下坚实的理论基础。在此基础上把课程思政融入"工业设计简史"整体课程教学中，对标教育部的金课建设标准和要求进行课程思政的教学设计。需要同学们能站在唯物史观的角度弄明白：工业设计从哪里来？学习工业设计历史为了什么？学习工业设计历史以后能做些什么？

2. 以学生学习为中心

学生学习是课程教学的直接对象,是工业设计简史课程融合思政教育教学实践的中心。在这种理念指引下,课程教学实际上是一种"学为中心"的育人实践。具体教学工作可分解为几个方面:第一要做好学情调研,力求在教学大纲、教材的基础上基于学生的具体情况进行有针对性的教学计划和教学方案设计;第二在课堂教学过程中,积极为学生创设良好的学习环境,鼓励学生参与,通过具体的教学设计引导学生进行积极讨论,课堂上与教师互动;第三利用好作业来进行评价,通过课堂作业快速检查学生的目标达成情况以及达成目标,教师在此基础上展开反馈与思考,然后为学生设立新的适宜目标。总之,工业设计简史课程融合思政教育,需要充分激发学生学习的主动性、积极性,最终达到使学生有效地实现对当前所学知识的理解、把握和应用。

(二)思政元素融入

"工业设计简史"课程融合思政教育,通过明确的目标设定,以课程教学计划和教学方案为实施路径,将课程思政的目标分解为具体的思政德育元素,使其更有机地渗透到课程章节中,具体如表20-1所示。

表20-1　工业设计简史课程部分章节思政德育

序号	授课名称	授课内容	思政教育融入内容	预期取得效果
1	工业设计简史导入综述	课程概述、教学规划、总体要求、作业要求,中外工业设计教育概况阅读材料推荐	引导学生基于家国背景和全球视野理解课程体系与框架,掌握课程的学习方法,明确课程学习的意义,需要明白工业设计从哪里来?你需要做什么?你将来要去哪里	培养客观理性的思维特质、严谨求实的工作作风、探索创新的价值取向,建立对课程的宏观理解和认知
2	工业革命(现代设计萌芽)之前的艺术设计概况	对古埃及、古希腊、古罗马到18世纪的建筑和工艺美术发展,主要以大设计-建筑为主,三个柱式,哥特式建筑	穿插和对比讲解中国长城、故宫、中式木建筑、明代家具,增强对中国传统设计和文化的理解和认识	在西方为主导的造物设计历史中,融入对于中国造物文化的讲解认知,增强文化自信,传承中华文化
3	工业革命推动的现代设计萌芽	18世纪的设计与商业,机械化与设计	工业革命成立了资本主义经济制度,强调自由市场、自由贸易以及劳动分工。融入中国特色社会主义的市场经济	让学生知道工业设计和市场的关系,增强做对社会有用的人才,培养学生作为国家主人和社会主体的自觉意识和社会担当

续表

序号	授课名称	授课内容	思政教育融入内容	预期取得效果
4	工艺美术转向现代设计的改革运动	工艺美术转向现代设计改革的设计理论发展和水晶宫世界博览会，工艺美术运动	基于英国专门委员会的讲解融入我们国家近来对于设计教育和设计产业的支持，如设计扶持激励政策、设计之都、设计协会、各种设计会议等	了解国家和政府的相关政策和规定，更好地进行职业规划，提升文化素养，服务社会

三、典型教学节段教学组织案例

（一）在事件分析中体现课程思政

历史主要是由一个个历史事件构成的，"工业设计简史"教学的主要素材和内容是对设计事件进行分析。针对教材中中国部分设计事件的缺失，有意识地挑选一些有代表性的中国设计事件进行对比，使同学们能更客观、批判性地把握和理解自己国家的悠久历史文化，强化爱国主义意识。例如在讲解埃及金字塔时，会对比中国的长城，并通过埃及金字塔形成的背景来分析古代的大河文明，并从历史叙事的角度帮助学生认识到华夏文明的悠久，增强文化自信和认同感（图20-1）。

埃及上古史			中国
早期王国	1~2王朝	（约公元前3000~前2686）	[原始]
古王国	3~6王朝	（约公元前2686~前2181）	[原始]
第一中间期	7~10王朝	（约公元前2181~前2133）	[原始]
中王国	11~12王朝	（约公元前2133~前1786）	[夏]
第二中间期	13~17王朝	（约公元前1786~前1567）	[商]
新王国	18~20王朝	（约公元前1567~前1085）	[商]
后期王国	21~26王朝	（约公元前1085~前525）	[西周~春秋]

图20-1　金字塔教学的思政分析

又如讲解中世纪哥特式建筑时，结合中国古建筑山西五台南禅寺（公元782年）来进行分析（图20-2）。分析以石材为主导的哥特式建筑的优缺点，以木材为主导的中国传统木建筑的优缺点。基于对比分析得出结论：中国古建筑保留的数量比较少，主要是因为木建筑保存起来不容易，木材防火和防水都不好，中国南方很多古建筑都是因为潮湿腐烂了保存不下来，而北方虽然气候相对干燥不容易因为潮湿腐烂，但是容易起火，有助于让学生更加深刻地了解传统文化。

图20-2　哥特式建筑与五台南禅寺思政分析

再如，分析包豪斯学校案例时，介绍了中国几所重要的设计院校，使学生能对自己国家的工业设计历史和工业设计当下的教育发展情况有更进一步认识，基于思政增加知识的广度同时改善学生学习体验。

（二）在课堂作业中运用课程思政

按照教学理论认为，教学过程中对知识的理解记忆属于低级思维，还需要引导学生进行一定的高级深层思维。课堂作业设置结合布鲁纳的教学理论，理解记忆阶段的教学除了教师讲授，还穿插了：

（1）课堂10分钟小作业，每次教学留10分钟通过命题式的作业让学生对本次所学知识点进行名词解释，强化知识记忆和应用，也作为平时作业的一项评分要素。

（2）课堂随笔，针对很多同学不注重记笔记和记笔记不规范问题，经过教师和学生的学情调研沟通，提供了具体的课堂笔记要求，强化学生的学习效果。

（3）课堂问卷答题，基于"问卷星"小程序，提前设计3~5道选择题，课堂上快速检测，了解教学情况（图20-3、图20-4）。

"工业设计简史"的高级深层思维教学就是鼓励学生来应用设计史分析和评价设计，具体通过课堂的PPT作业汇报达成。课程共给学生安排了两次PPT作业汇报：一次是个人PPT汇报；一次是团队PPT汇报。每次汇报展示都有清晰的要求来引导学生

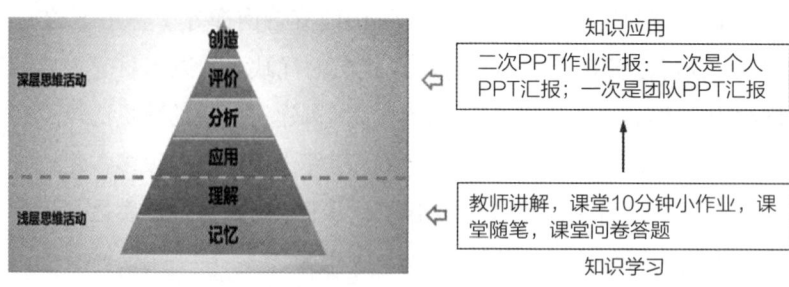

图20-3 基于作业的知识学习示意图

第2题： 包豪斯学校的第二任校长是 [单选题]
正确率：53.33%

选项	小计	比例
密斯凡德罗	8	17.78%
格罗皮斯	13	28.89%
汉斯·迈耶（答案）	24	53.33%

对于设计史学习深层思维的发展，比如要有汇报内容的思维导图把设计史中的事件、人物联系起来，并要求把以人为本、可持续设计、碳达峰等社会价值思政内容贯彻到作业中，在此阶段实现高级思维的教学活动（图20-5）。

图20-4 问卷星和名字解释的课堂作业

图20-5 课堂作业PPT汇报

四、课程思政教学总结与成效

"工业设计简史"课程融合思政教育的思路不仅在于培养学生的思想政治和价值观念,更重要的是延伸学习的视角,改善学习的体验,使立德树人和教学体验有机融合。"工业设计简史"课程融合思政教育实践方式说明思政教育不是给学生灌输一堆设计历史的内容,而是鼓励和激发学生能更正向和更积极主动地学习探索;具体于工业设计简史而言,思政教育的主旨意义在于回顾过去,才能更好地把握当下;只有通过学习过去的设计历史,才能清楚现在,把握未来;如果不懂历史,所理解的设计就是无源之水,无本之木。课程思政给本课程教学提供了创新教学模式、拓展教学视角、优化教学体验的机遇和方法。

参考文献

[1] 唐慧利,崔萌筱,耿紫珍. 课程思政融入商务英语教学的探索与实践[J]. 西安外国语大学学报,2021,29(03):55-58.

[2] 张树永. 当前"课程思政"建设存在的不足及未来建设重点——以化学类专业课程为例[J]. 中国大学教学,2021(08):42-46.

[3] 冯刚. 立德树人与时代新人培育的内在逻辑[J]. 四川师范大学学报(社会科学版),2021,48(05):13-19.

第二十一章
"二维动画"课程思政教学实践

房文婷　上海电机学院设计与艺术学院

一、课程基本情况

"二维动画"课程是数字媒体艺术专业的核心课程之一,于2019年开设,至今已实施3轮,授课对象为数字媒体艺术专业三年级学生,累计授课人数90人。

课程于2019—2020学年第二学期因疫情原因实施网上教学,以自建课程形式在超星学习通平台建设了完整的16周教学资料和作业库,部分单元知识点已拍摄微课视频,每节课皆设置有测验和专题讨论,并引入网络丰富资源作为补充学习资料,采用线上集中学习,线下微信、QQ等平台与学生个别交流辅导。作业结合热点时事并对接学科竞赛。学习成绩采用过程评价,最终大作业采用分阶段考核,并将课后测验和专题讨论的参与情况纳入平时成绩考核。积累了线上、线下一定的教学资源,课件和学习资料建设完备,学生反馈良好。课程已初步建立了一支结构合理的授课教师队伍,学院建有交互设计实验室作为数字媒体艺术专业实验室,可供学生进行自学和讨论交流所用。

在课程思政理念下,确立学生为中心、效果为导向。

知识层面要求掌握二维动画相关知识和理论,主要通过在线自主学习,线下展开知识点归纳、提问和讨论几个环节。

能力层面要求系统掌握计算机软件进行二维动画设计的能力,通过项目实践,将二维动画相关知识具体应用在设计实践中,培养严谨认真的科学思维,激发创造力和想象力,同时也贯彻工匠精神的培养,主要通过线下问题分析和作业指导。

人格层面的塑造通过分组合作完成实践项目,培养团队协作能力、创新意识、社会责任感等。

二、课程思政融入教学内容设计

(一)思政元素梳理

其一,发掘德育元素,深入挖掘教学内容中所蕴含的育人育德元素;其二,讲故事的形式，引入大师成长道路、学科发展史、教师个人经历；其三，中国元素教学材料选择，如中国的政策、意识、文化、价值观追求；其四，以针对性问题为线索，提出当前热点问题、解决策略、价值观和方法；其五，失败的教训、警示性的问题、多维度分析原因，对学生心理和情感的影响（图21-1）。

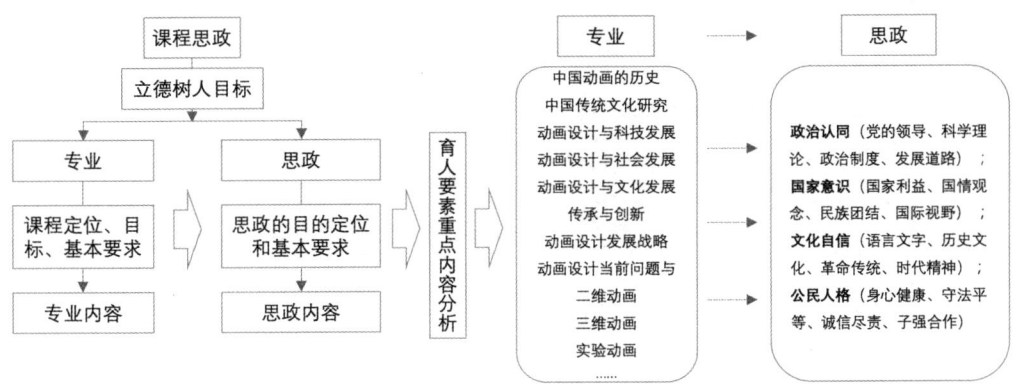

图21-1　思政元素梳理

（二）思政元素融入

根据课程思政理念对课程教学内容进行归纳和总结，如表21-1所示。

表21-1　课程思政内容

序号	课程模块	小单元内容	课程思政育人目标	教学方法
1	第一章　动画基础知识	1.1 动画的视觉原理	融入中国动画艺术的历史、手法与特点，建立对二维动画的宏观理解和认知	线上学习，案例讲解，提问互动
		1.2 帧动画和矢量动画		
2	第二章　基础图形绘制：绘制线条；绘制简单图形	2.1 绘制线条	融入对中国传统图形的介绍，指导学生在文化与新时代中国特色社会主义文化的氛围中研究传统艺术形态	线上学习，案例讨论
		2.2 绘制简单图形		
3	第三章　在Flash中应用文字和位图：文字的应用和编辑	3.1 文字的应用和编辑	激发学生对传统文化的尊崇和民族文化的自信	通过对中国传统文字、书法艺术及其在二维动画中的运用的介绍

续表

序号	课程模块	小单元内容	课程思政育人目标	教学方法
4	第四章 基础动画	4.1 逐帧动画的操作	培养严谨认真的科学思维，激发创造力和想象力，同时也贯彻工匠精神的培养	通过运用计算机软件进行相关制作实践
		4.2 补间动画		
5	第五章 高级动画：遮罩动画；时间轴特效动画	5.1 遮罩动画	培养科学严谨的治学态度	
		5.2 时间轴特效动画		
6	第六章 元件和实例：创建元件；按钮元件	6.1 创建元件	培养客观求实的科学探索与研究精神；培养学生去伪存真、独立思考的能力	
		6.2 按钮元件		
7	第七章 在Flash中应用声音和视频：声音在Flash中的应用；视频在Flash中的应用	7.1 声音在Flash中的应用	建立科学研究的系统观，加强全域视野和大局意识，培养团结协作的集体意识	
		7.2 视频在Flash中的应用		
8	第八章 Flash短片制作：原创动画短片前期准备；动画角色与场景设计；创建动作；动画合成与输出	8.1 原创动画短片前期准备	培养团队合作精神；加强实践动手能力；培养学生综合能力和社会责任感；培养严谨认真的科学思维和工匠精神	通过分组作业；通过不同阶段的实践操作等方式
		8.2 动画角色与场景设计		
		8.3 创建动作		
		8.4 动画合成与输出		

三、典型教学节段教学组织案例

下文以"第八章 Flash短片制作"为例，详细说明具体教学组织过程是如何展开的。

（一）课前

1. 视频学习

依托超星学习通平台，学生提前完成2个学时的理论知识学习。

2. 课前测试

线上知识点学习完毕后，学生需要完成章节测验，检验学习效果，发现的问题可以带入课堂讨论。例如中国动画艺术风格分类、中国动画剧本取材等内容。

3. 课前讨论

组织线上专题讨论，激发学生的学习兴趣，对于学生感兴趣的话题，可以带入课堂讨论。例如本课程章节组织讨论问题是以中国神话取材，构思动画作品。

通过课前线上学习、测验和讨论的情况，可以看到学生对动画短片设计单元很有学习兴趣，通过线上自学掌握了动画设计相关理论，学习了优秀案例，但从讨论中看到学生的思维缺乏一定的深度和高度，需要到课堂讨论环节进一步提升。

（二）课中

进入线下课堂教学，教师首先进行课程导入，回顾线上知识点，并结合课堂小练习掌握学生的自学情况。展开形式丰富的课堂教学，具体教学方法和手段如下：

（1）视频引入。例如在分析中国水墨动画设计时，首先播放《小蝌蚪找妈妈》《牧童》等动画短片，以具有鲜明民族特色的动画风格激发学生的文化自信。

（2）分组讨论工作坊。以工作坊形式，学生分组讨论，组员每人说出自己的动画设计方案，并和组友交换意见，积极讨论，最后总结每组最终商议的动画剧本方案，教师进行总结。通过师生互学、生生互学，使学生更牢固地掌握知识点。

（3）项目实践。线下的项目实践包括实践和实验。首先组员共同商议完成一部三分钟动画的剧本，然后完成分镜头、角色、场景等设计。

（4）项目汇报。实践过程中，通过项目汇报、生生互评、教师点评等，促进学生对知识和技能的理解及掌握。

（三）课后

以线上形式撰写报告、提交作业、交流辅导。通过学习通发布作业、收作业。通过微信课程群进行交流讨论和辅导。

四、部分优秀设计成果

成果作品展示如图21-2~图21-5所示。

《中国神话故事》Mg动画及非遗文创设计
Animation and non legacy cultural creation design of Chinese Mythology

▌ 文创实物

盘古开天

女娲造人

精卫填海

▌ 设计初衷　近年来,随着弘扬、传承中华传统文化的兴起,非遗的教育传承和中华文化知识的普及不可或缺。但时代变化之快,普罗大众对于中国古代的神话美学艺术和非遗文化的了解少之又少,将非遗艺术与中国古代神话故事相结合从而可以受众更广泛的来弘扬中华传统文化。

作者姓名　　指导教师
凌芯羽　　　房文婷

▌ 动画设计及预想图

设计说明 ▌

随着社会的发展和人们对于艺术的不断追求,我将秭根据这项传统技艺与神话故事用动画形式相结合将实物艺术与幻想文学相碰撞,呈现出不一样的创新美感,从而使中国传统文化可以广为人知的传播。

盘古开天

女娲造人

(女娲)

(盘古)

设计草图 ▌

精卫填海

(精卫)

图21-2 《中国神话故事》Mg动画及"非遗"文创设计

中国文字演变的过程动画《起源》
The process of the evolution of Chinese characters, Animation

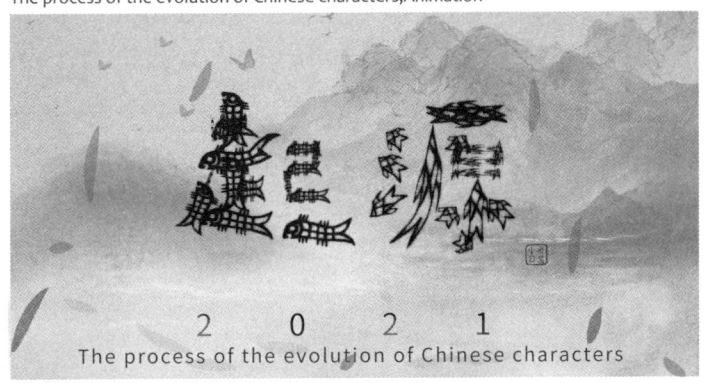

作者姓名　　　指导教师
乔佳佳　　　　房文婷

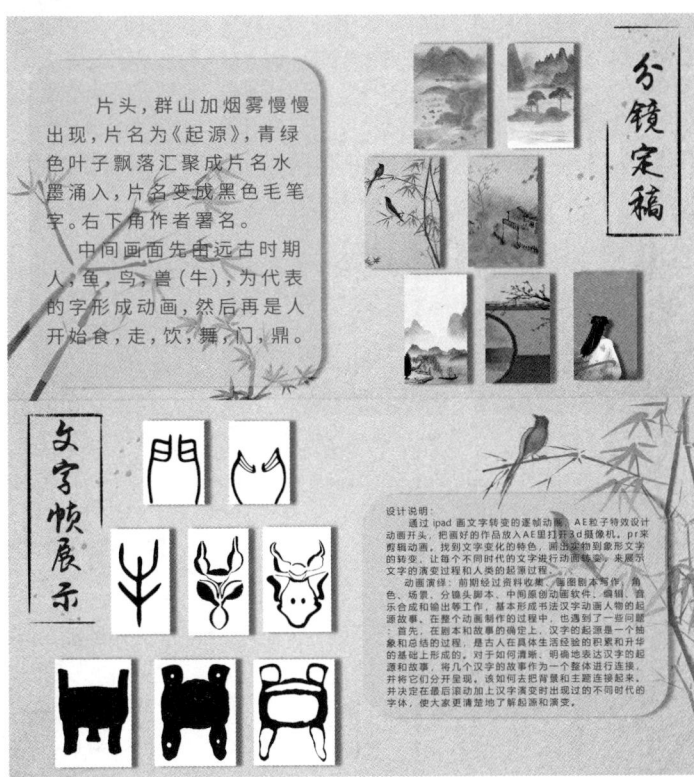

图21-3　中国文字演变的过程动画《起源》

女性神话动画《女魃》

作者姓名　　指导教师
唐红瑶　　　房文婷

图21-4　女性神话动画《女魃》

《白日将至》动画设计
Animation design

作者姓名　　指导教师
顾佳燕　　　房文婷

图21-5　动画《白日将至》

五、课程思政教学总结与成效

通过"二维动画"课程的教学实践，逐渐摸索出思政育人理念融入设计类课程教学的"三横二纵"模式，从而在教育理念和实践上将思政育人和混合式教学二者有机结合，实现知识传授与价值引领相统一，有效提升设计类课程教学成效和人才素质提升。

第二十二章
"产品造型设计"课程思政教学实践

朱 彦　上海电机学院设计与艺术学院

一、课程基本情况

"产品造型设计"课程是我校上海市一流本科专业建设点——工业设计专业以及产品设计专业的核心课程,课程教学内容紧紧围绕"产品造型"这一核心,综合研究形态与材料、结构、工艺、色彩、肌理等因素的有机联系,共8学分,128学时,面向本科二年级学生开设。本课程立足于"立德树人"的课程教学目标和一流课程标准,以学生为中心,帮助他们在知识、能力和思想层面得到全方位提升。

原有课程教学目标是巩固学生运用设计表现技法、计算机辅助艺术设计及产品语意学等已学知识与技能进行造型设计的能力,使学生熟悉设计流程并进行有针对性的产品创新造型提案设计,培养学生的设计思维能力及发现问题、分析问题和解决问题的综合设计实践能力。这样的目标设定仅着眼于学生专业知识体系的建构,没有高度重视对学生德行的塑造。根据课程思政的指导精神,教学团队把握课程思政重点内容,科学设计本课程的课程思政目标,优化课程思政内容供给,将教学目标分解细化为知识目标、能力目标和思政目标三个层次,如表22-1所示。

表22-1　教学目标

A知识目标	A1 掌握产品造型设计的方法,并合理运用于产品设计中,进行有针对性的产品造型设计提案,提高审美鉴赏能力 A2 能对实际产品形态进行造型逻辑的逆向分析,并提炼造型基本要素、分析造型语法,构建造型元素资料库
B能力目标	B1 巩固运用设计构成、基础造型、计算机辅助艺术设计等已学知识与技能进行造型设计的能力 B2 培养设计思维能力及发现问题、分析问题和解决问题的综合设计实践能力,为后续的设计课程打下基础
C思政目标	C1 理解中国传统文化孕育下的产品造型技法,增强民族自豪感和社会担当意识 C2 贯彻党和国家的方针政策,运用产品造型设计手段解决社会现实问题,服务民生,传播时代审美,传承中华文化,助力国家形象塑造

二、课程思政融入教学内容设计

（一）思政元素梳理

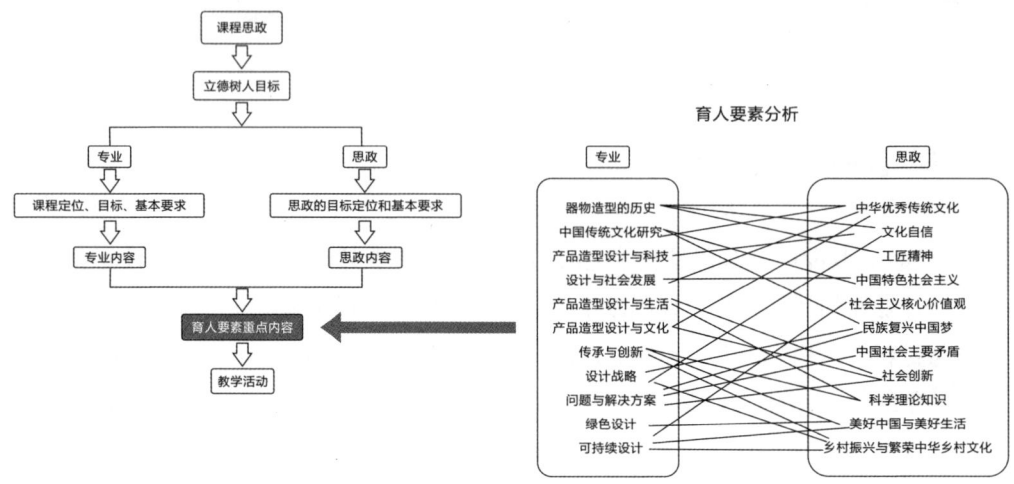

图22-1　思政元素梳理

教学团队立足课程的教学大纲和课程目标，在社会发展、国家战略和全球视野的大背景下将专业教育和思政教育进行有逻辑的结合，在专业教育中有机融入思想政治教育元素。如图22-1所示，分析梳理专业教育和思政教育的育人要素，并寻求这两类育人要素之间的内在关系，由此确立课程思政育人要素重点内容。通过案例和现实引导，开展以问题为导向的探索性学习，掌握中国传统文化孕育下的产品造型技法，增强民族自豪感和社会担当意识，以党和国家的方针政策为导向，运用产品造型设计手段解决社会现实问题，服务民生，传播时代审美，传承中华文化，助力国家形象塑造。

（二）思政元素融入

通过对专业教育和思政教育的育人要素分析，确立了课程思政育人要素的重点内容，并进一步将这些思政德育元素有机融入课程的教学内容中，如表22-2所示。

表22-2 思政元素有机融入课程内容

序号	课程模块	知识单元	小单元内容	思政元素切入点	预期效果
1	基础模块	第一章 初识造型	1.1 产品造型设计概述	让学生了解中国器物造型的历史、手法与特点，建立对课程的宏观理解和认知	了解中国国情，提升文化素养
			1.2 课程的学习方法及意义	引导学生基于家国背景和全球视野理解课程体系与框架，掌握课程的学习方法，明确课程学习的意义	培养客观理性的思维特质、严谨求实的工作作风、探索创新的价值取向
			1.3 造型与设计之间的关系	指导学生在设计文化与新时代中国特色社会主义文化的氛围中去研究物的造型	传播时代审美，传承中华文化、树立文化自信
		第二章 单个形体的造型	2.1 造型与点线面、造型与基本体	培养学生对空间抽象关系的理解力	树立良好的品德和独立的人格
			2.2 造型的6种方法及综合运用		
			2.3 小练习实践 小练习1方体的演变 小练习2柱体的演变 小练习3锥体的演变 小练习4球体的演变 小练习5几何体的综合演变	训练学生准确表达客观物体的三维透视关系	培养客观求实的科学探索与研究精神
		第三章 多个形体的组合造型	3.1 叠加	训练学生处理复杂物体之间的空间关系	培养学生去伪存真、独立思考的能力
			3.2 剪切		
			3.3 分割		
			3.4 包裹		
			3.5 边缘处理		
			3.6 仿生		

续表

序号	课程模块	知识单元	小单元内容	思政元素切入点	预期效果
2	进阶模块	第四章 产品造型	4.1 造型的4个步骤：比例、体量、线条、细节	培养学生循序渐进对物体进行造型的能力，以及对细节的观察与思考	培养科学严谨的治学态度
			4.2 产品族形象理论	树立学生产品造型设计的系统观，理解事物之间的客观联系	建立科学研究的系统观，加强全域视野和大局意识，培养团结协作的集体意识
			4.3 设计实践1 新农盲盒文创产品设计	积极响应"把更多的美术元素、艺术元素应用到城乡规划建设中"的号召，在国家乡村文化振兴设计战略指引下指导学生设计新农产业相关产品	将新农资源转化为文创产品，巩固脱贫成果、提升农业品牌影响力、培养知农爱农的新型设计人才、提升新农业整体设计力
3	高阶模块	第五章 影响产品造型的因素	5.1 产品形态设计	引导学生将有机造型语言融入产品形态设计，体会设计与自然的和谐	树立人与自然的平衡发展观
			5.2 设计实践2 瓦楞纸坐具设计	引导学生在节能环保的可持续发展观下，对废弃材料进行二次利用，制作生活中的有用物品	社会主义核心价值观引领，培养学生作为国家主人和社会主体的自觉意识，以及保护环境的责任意识
			5.3 造型与文化	强调地域文化、传统文化等要素在产品造型设计中的重要性，引导学生运用造型设计语言表达文化象征意义	传承中华文脉，坚定文化自信，增强政治认同，弘扬传统文化
4	实战模块	第六章 造型设计与创新体验	6.1 产品造型设计与创新体验活动（典型企业设计案例）	对学生进行创新创业教育	结合企业成功的创新设计案例激励学生投身创新创业活动
			6.2 设计实践3 高铁文创产品设计	指导学生充分解读中国国家高铁的发展历程和高铁文化品牌的建设现状，将伟大民族复兴和爱国主义情怀融入高铁文化，创作设计蕴含中华民族特色的文创产品，更好地传播中国文化	增强民族自信，坚决拥护中国共产党的领导，发自内心地热爱祖国，为祖国成立70周年献上特别的生日贺礼

例如，在讲解产品族形象理论后选择新农盲盒文创产品设计作为实践课题的切入点，该课题由我院承担的国家级新农科项目支撑，又贯彻了课程思政的教育内容，即积极响应国家的乡村文化振兴设计战略，以设计创意将新农资源转化为文创产品，有助于巩固脱贫成果、提升农业品牌影响力、培养知农爱农的新型设计人才、提升新农业整体设计力。又如，在讲解产品形态设计理论后，选择绿色设计主题让学生展开设计研讨，并要求学生对生活中的废弃物品——瓦楞纸板进行再利用，设计制作坐具产品，从而帮助学生树立节能、环保的可持续发展观。再如，2019学年授课期间正值伟大祖国成立70周年庆典之际，在讲解造型与文化理论后引入高铁文创产品设计课题，让学生将伟大民族复兴和爱国主义情怀与高铁文化和内涵有机结合，产出了一系列蕴含高铁文化、富含民族特色的文创产品，全体师生在课程思政引领下用自己的专业技能为祖国献上了特别的生日贺礼。

三、典型教学节段教学组织案例

下文以"第六章 造型设计与创新体验"中的6.2为例，详细说明具体教学组织过程是如何展开的。

（一）课前——思政导入

1. 时间

课前2~3天。

2. 学习内容

（1）2008年8月我国第一条高铁——京津城际高铁的开通标志着中国正式迈进高铁时代，2017年7月中国全自主研发的"复兴号"高铁正式投入运营是高铁发展的又一个里程碑。

（2）中国高铁的技术装备在国际处于领先水平，但至今仍未形成强大的国际影响力，这与高铁文化受重视程度不够，高铁品牌建设力度不强有很大关系。在过去十多年的发展中，中国高铁单方面重视技术创新，对高铁文化的认知、挖掘与研究远远赶不上硬件建设的步伐，更缺乏运用文化创意手段服务民众的意识。

（3）以高铁文创产品的创意创新设计活动为驱动，促进高铁文化创意产业体系的建立和完善，已成为国家政府制定发展规划的重中之重。

3. 具体实施

（1）教师组织学生参观高铁历史博物馆和高铁站，了解中国高铁的发展历程与高铁文创产品的市场现状，深刻感受中国铁路发展所取得的辉煌成就，对伟大祖国的自豪感油然而生。

（2）教师与上海铁路文化公司联合举办高铁文创研讨会，师生与企业专家共同探讨高铁品牌塑造与高铁文化提炼。

（3）学生针对目标研究对象，列举可能遇到的真实场景元素，包括地点、时间、人物、故事等，梳理整个设计流程和节点。研究针对具体问题开展，例如用户画像、问卷调查、竞品分析、行业分析等。

4．达成目标

通过多维度、多途径的信息输入方式使学生建立整体概念框架，进一步明确，将我国传统、地域和旅游文化赋予设计精良、制作考究的高铁文创产品，可以向世界宣传中国高铁文化，增强民族自信。

（二）课中——思政元素贯穿

1．时间

90分钟。

2．学习内容

（1）设计文化结构，设计文化是许多要素构成的复合整体，可分为三个层次，包括设计的物质层、设计组织制度层、设计的观念层。

（2）产品造型与文化，在当今科技、经济高速发展的时代，产品设计被赋予了更高的文化内涵和情感期待。文化与产品设计的交融，成了现代产品设计的新趋势，这种结合与升华正是后现代主义设计观所认为的"设计是历史传下来的文化统一体延续的一部分"。

（3）产品的符号象征含义。

3．具体实施

（1）理论讲授，产品符号设计方法与高铁文创产品设计流程。

（2）思政元素挖掘。

结合高铁文创产品设计命题，充分挖掘思政元素，并归纳为中国风景、高铁情感、民族复兴、文化强国、行走路上，由此确定图22-2所示的设计方向。

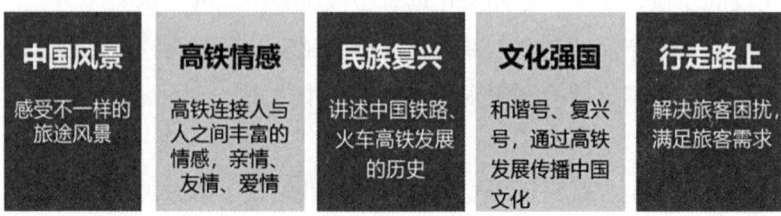

图22-2　思政元素融入确定五大设计方向

围绕这五大方向,以不同的研究方法分别推进设计进程,并梳理对应的产品线及产品品类。图22-3所示为中国风景设计方向的推导过程及具体的产品类别归纳。

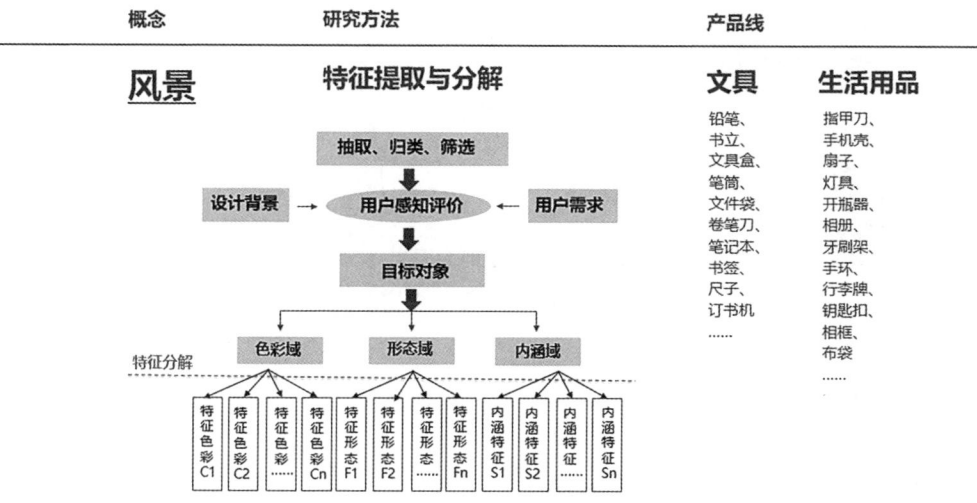

图22-3 中国风景设计方向

(3)优秀作品讲解。以我校学生设计的优秀作品作为示范,讲解产品造型设计理论在高铁文创产品设计中的具体应用方法。

(4)分组设计实践。根据产品线规划,请学生分组进行设计实践。

首先是特征提取与分解,主要解读长三角区域高铁沿线城市的典型风景文化特征,深入考察各个城市环境中的风土人情、生活方式等,以关键字形式高度概括出文化精髓,如图22-4所示是对上海海派文化的提炼。

对文化要素原型特征分析解码后运用多种造型处理手法进行设计转译,得到可视化具象元素,如图22-5所示是江、浙、皖、沪三省一市中,部分城市的文化特征可视化呈现示例。另外,还专门辟出高铁站建筑专题板块,收集三省一市各高铁站的建筑原型并解码、转译成设计图形符号。在核心理念导向下,根据当下流行趋势可以持续增加新的内容,保持设计元素库的动态更新。设计元素库的建立对于整个开发流程至关重要,其在开发周期内始终呈开源共享状态,以便设计者能迅速提取并运用到不同品类的产品设计中。

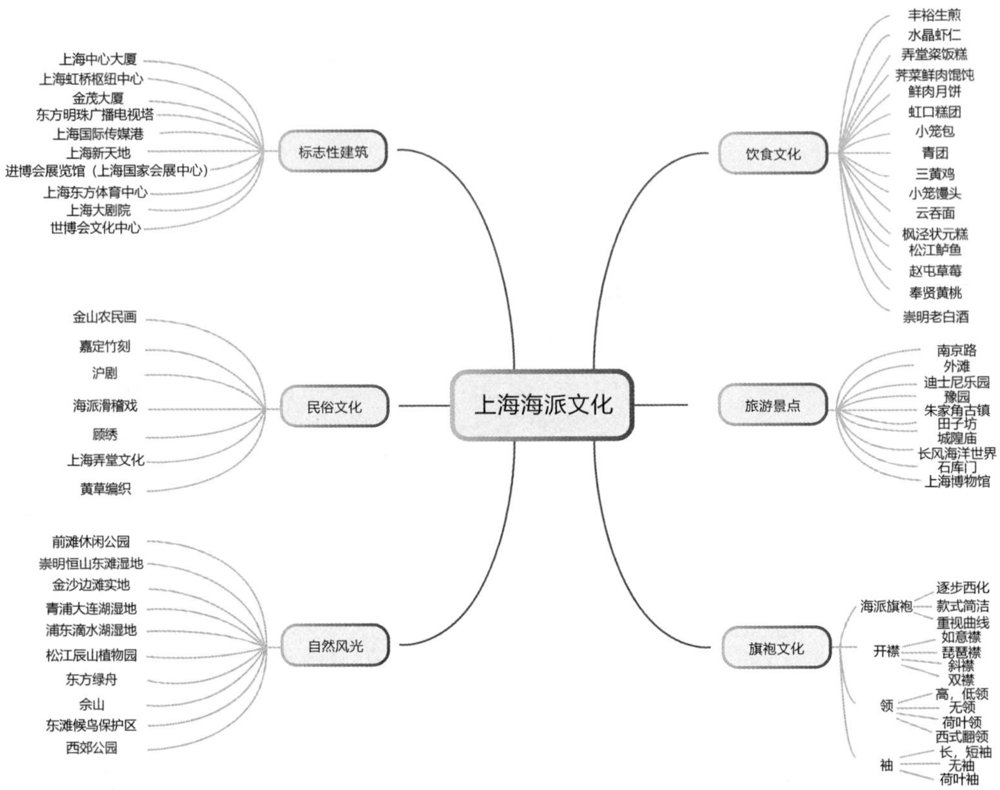

178 设计专业课程思政教学研究与实践

图22-4 上海海派文化提炼

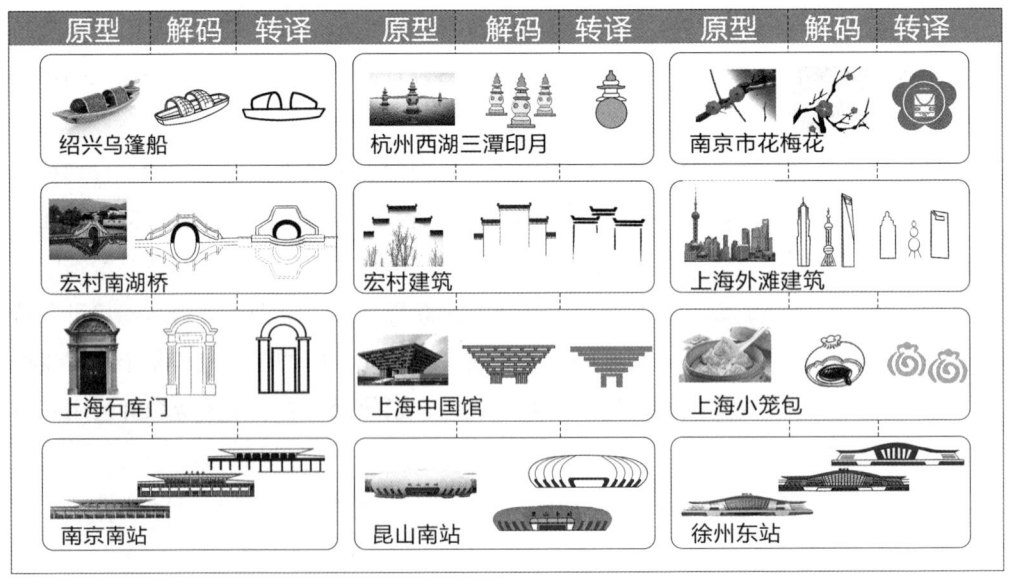

图22-5 城市文化特征可视化呈现

其次是设计方案表达，选择恰当的元素与合适的产品进行融合，主要从两个角度展开：一是先明确选用何种元素，再匹配与该元素契合的产品品类和具体产品实体，运用创意设计的技巧方法去设计产品，得到与某一元素有关的不同产品系列；二是先明确要开发的产品，如书签、手表、圆珠笔、胸针等，再从设计元素库里选择合适的元素，运用创意方法设计产品，得到同一产品品类中融入不同元素的解决方案。这两种思路穿插轮流运用，达到使设计方案和产品品类不断丰富并趋于完善的最终目的。无论是先确定元素还是先确定产品，这二者之间都要产生某种内在的关联，即产品在使用功能、情感体验、造型、色彩、材质等方面能与元素保持紧密的内在联系。

长三角区域高铁沿线城市众多、文化多样，不同城市的语言、风俗、民风都呈现不同的地域文化特征。对典型城市文化进行解读研究，结合关联紧密的高铁形象元素进行组合创意设计。如图22-6所示是上海城市风景文化与高铁形象组合元素的提取运用案例。坚果夹手握持部分是相向而驰的金凤凰和蓝海豚高铁抽象形，夹坚果的部位呈现东方明珠电视塔轮廓形的镂空虚形。书签融合了高铁车头侧面抽象形和不同的外滩地标建筑轮廓线形。环状手镯上高铁车型渐变过渡到上海东方明珠抽象形，寓意乘坐高铁一路飞驰奔向上海。此案例提炼了城市文化具象元素的可视化符号，并根据

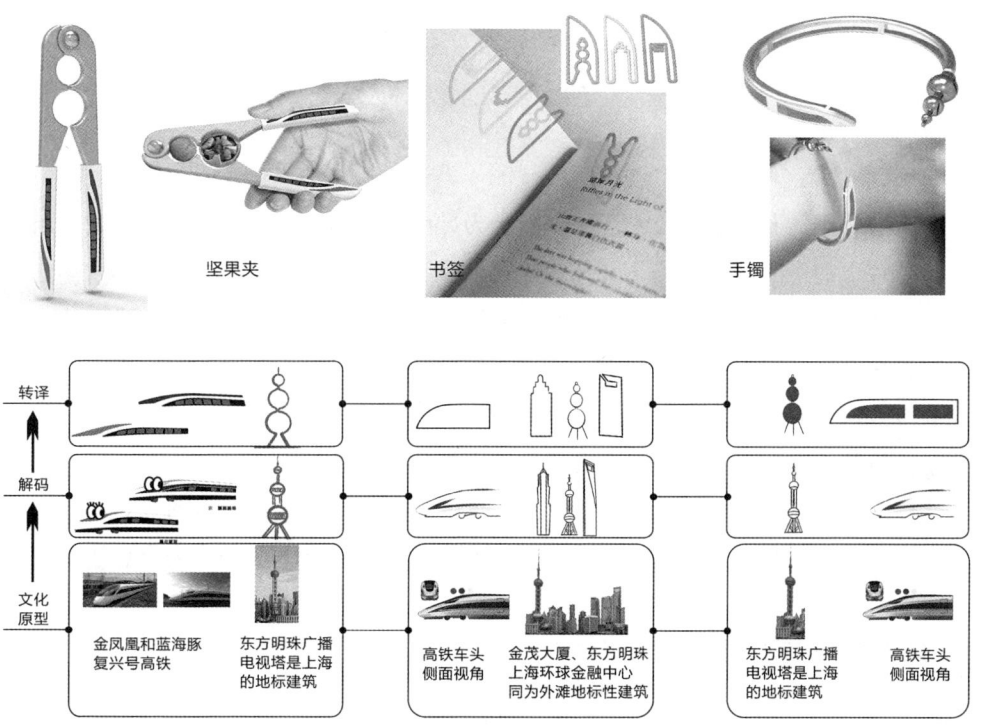

图22-6 优秀学生设计方案

具体产品不同的使用功能和造型特点，将上海地标建筑原型巧妙运用虚形、平面线形以及立体形三种不同的处理手法进行设计转译和符号化提炼，以保证设计元素与产品在使用功能、情感体验、造型等方面保持紧密的内在联系，使产品拥有高铁文化的认知度和地域文化的识别性。基于高铁形象和城市文化的融合开发高铁文创产品，能让消费者在看到、使用产品时产生强烈的情感共鸣和价值诉求。

（5）设计作品交流。推选小组成员代表，向全班同学演示本组设计方案。展示过后学生之间进行互动投票。请学生根据展示交流情况，为优秀作品投票，积极创造学生自我评价和同伴互评的机会。

（6）总结回顾。重新梳理本节段授课内容，帮助学生及时回顾理论及实践应用过程。

4．达成目标

通过理论讲授和思政元素挖掘演示设计流程与方法，使学生掌握整体设计逻辑与框架，并充分发挥创意思维展开高铁文创方案的设计迭代。

（三）课后——总结反思与展示交流

1．时间

机动。

2．学习内容

请学生根据课堂讨论和头脑风暴的结果，在课后进一步细化方案，并完成方案的版面展示。

3．具体实施

（1）通过案例和现实引导，开展以问题为导向的探索性学习，使学生掌握中国传统文化孕育下的产品造型技法，增强民族自豪感和社会担当意识。

（2）组织作品发布会，将学生制作完成的作品版面和实物进行线下和线上的集中展示，再次宣传和扩大社会影响力。

4．达成目标

学生将伟大民族复兴和爱国主义情怀与高铁文化和内涵有机结合，产出了一系列蕴含高铁文化、富含民族特色的文创产品，本课题进行时正值伟大祖国成立70周年之际，全体师生在课程思政引领下用自己的专业技能为祖国献上了特别的生日贺礼。

四、其他优秀设计成果

提取高铁形象作为设计元素融入，具体又细分为对高铁形象的具象运用、抽象运

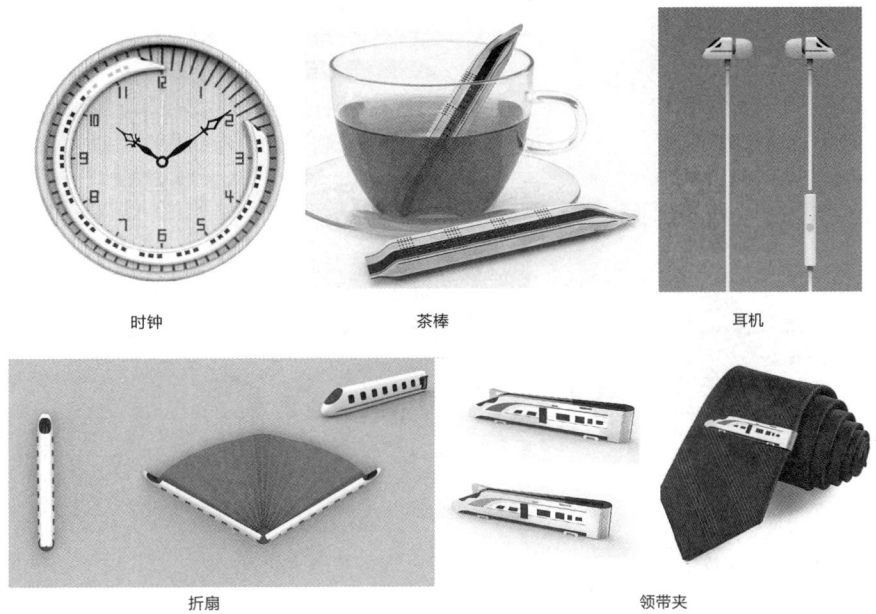

图22-7 高铁形象具象运用

用和卡通化运用。

图22-7所示是对高铁形象元素的具象运用。时钟的钟面刻度区围绕着一辆疾驰飞奔的高铁,茶棒整体采用了高铁车厢的形态,耳机的耳塞外侧分别是两截高铁车头,当使用者将耳机塞入耳朵聆听音乐时,构建了一辆高铁车疾速穿越隧道的生动场景,折扇闭合状态是高铁车的造型,领带夹也巧妙借用了高铁车形象。此案例中,先明确选用高铁车厢的具象元素,再匹配与该元素契合度高的产品品类以及具体产品,然后运用创意设计的技巧方法去设计,最终得到与高铁具象元素相关的不同产品。

图22-8所示是对高铁形象元素运用设计技法的抽象处理后融入各个品类的文创产品中。如圆珠笔的笔头部分设计了高铁车身扁平化图形,便笺纸上呈现出CRH三个英文字母组成的车身形态,回形针的弯折路径是高铁车身形态的高度线形概括,手表的表带部分内涵表达了车身侧面形象。此案例中,先明确要开发的产品品类,如圆珠笔、便笺纸、回形针、手表等,再从设计元素库里选择合适的元素,有机融入对应的产品造型中,最终完成不同的高铁车厢抽象元素与不同产品载体的组合设计。

图22-9是高铁形象卡通化运用的产品案例。定时器的主体部分将复兴号高铁车头进行卡通立体化的形象重构,气囊手机支架端面运用了蓝海豚和金凤凰高铁车头形象的卡通平面图案,趣味人偶贴纸将高铁乘务员设计为卡通玩偶的形象,活泼可爱又富有趣味。此案例中,对高铁形象卡通化后的元素分别进行了立体和平面形式的运

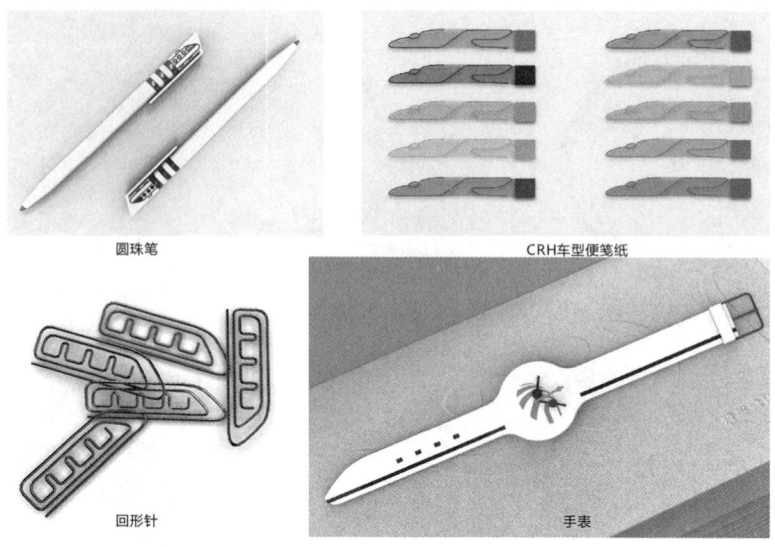

图22-8 高铁形象抽象运用

图22-9 高铁形象卡通化运用

用,均是为了与具体产品的使用方式、造型特征更加吻合,使得设计元素与产品之间的内在联系更紧密,融合更自然生动。

五、课程思政教学总结与成效

2021年,"产品造型设计"课程被评为校一流课程,并获课程思政教育教学改革重点立项。课程负责人主讲本课程中经典教学节段多次参加各类教学法比赛，获得2020年校首届教师教学创新大赛获二等奖、2021年校课程思政教学评比展示获三等奖。2016年、2019年本课程教学创新实践案例两次获得校级教学成果二等奖。

课程教师团队围绕产品造型的基础知识与原理技法，深入挖掘与课程思政相关的元素，将思政元素如春风化雨般渗透到教育教学全过程，做到"无缝连接，丝丝入扣"，使教育教学更有温度、思想引领更有力度、立德树人更有效果。学生通过设计实践中的情感体验升华了爱国情怀，实践课题的设计显现生活性，每一个选题都来自和学生生活密切相关的领域，帮助学生真正理解学科与其所处社会的关联，突出设计学科在道德层面的育人价值。

学生在课程中经历的变化令人倍感欣喜，主要体现在：第一，学生的学习热情、主动性和积极性明显提高；第二，学生的自主学习能力、问题意识和探究能力、合作能力、解决问题的能力以及实践创新能力均有了明显提升；第三，学生树立了正确的国家观、民族观、历史观、文化观，增强了社会责任感和家国情怀，真正成为德智体美劳全面发展的社会主义事业的建设者和接班人。

参考文献

[1] 周雅琴，范高越. 文化自信视域下高铁文创的转化创新[J]. 综合运输，2018，40（07）：37-40.

[2] 曲思源. 长三角高速铁路运营管理创新与应用[M]. 成都：西南交通大学出版社，2019.

[3] 邱松，覃千航. 探究品牌主导的文创产品设计方法论[J]. 包装工程，2019，40（24）：11-17.

[4] 伍琴，吕健，潘伟杰，等. 基于案例的文化创意产品设计方法研究[J]. 工程设计学报，2017，24（02）：121-133.

[5] 戴思敏，殷乙萌，何洁，等. 基于故宫模式的文创产品设计研究[J]. 设计，2020，33（07）：81-83.

[6] 张歆. 地域文化视角下的文创产品创新设计策略[J]. 设计，2018（19）：54-56.